新劳动教育特色课程案例集

——临沂半程中学新劳动教育课程探索

雷明贵／主编

吉林大学出版社

·长春·

图书在版编目（CIP）数据

新劳动教育特色课程案例集：临沂半程中学新劳动
教育课程探索 / 雷明贵主编. -- 长春：吉林大学出版
社，2021.3
ISBN 978-7-5692-8110-1

Ⅰ.①新… Ⅱ.①雷… Ⅲ.①劳动课—课程建设—案
例—中学 Ⅳ.①G633.932

中国版本图书馆CIP数据核字(2021)第053111号

书　　名：新劳动教育特色课程案例集——临沂半程中学新劳动教育课程探索
　　　　　XIN LAODONG JIAOYU TESE KECHENG ANLI JI
　　　　　——LINYI BANCHENG ZHONGXUE XIN LAODONG JIAOYU KECHENG TANSUO

作　　者：雷明贵　主编
策划编辑：米路晗
责任编辑：周　婷
责任校对：马宁徽
装帧设计：雅硕图文
出版发行：吉林大学出版社
社　　址：长春市人民大街4059号
邮政编码：130021
发行电话：0431-89580028/29/21
网　　址：http://www.jlup.com.cn
电子邮箱：jdcbs@jlu.edu.cn
印　　刷：长春市华远印务有限公司
开　　本：787mm×1092mm　　1/16
印　　张：9.5
字　　数：160千字
版　　次：2021年3月　第1版
印　　次：2021年3月　第1次
书　　号：ISBN 978-7-5692-8110-1
定　　价：75.00元

编 委 会

序

在2020年7月，教育部印发了《大中小学劳动教育指导纲要（试行）》，其中指出："在日常生活劳动教育方面，立足个人生活事务处理，注重生活能力和良好卫生习惯培养，树立自立自强意识；在生产劳动教育方面，要让学生体验从简单劳动、原始劳动向复杂劳动、创造性劳动的发展过程，学会使用工具，掌握相关技术；在服务性劳动教育方面，让学生利用知识、技能等为他人和社会提供服务，在服务性岗位上见习实习，在公益劳动、志愿服务中强化社会责任感。"

走进劳动，感受生活——从体验与学习，到服务与奉献，这是劳动教育的基本成长逻辑；日常生活，自立意识——从原始与简单走向复合与创造，这是劳动教育的基本发展特征；注重义务、强化责任、树立理想，这是劳动教育的基本德育特色。

放眼当今华夏，中国教育不断前行，各方求索，从未停歇。聚焦齐鲁大地之孔孟之乡，有一所学校再次迈出教育的先行脚步，探索出了一条特色劳动教育之路，这所学校就是临沂半程中学。

临沂半程中学在校长雷明贵的苦心经营之下，仅仅用了几年时间，学校的精神面貌与物质基础焕然一新，给了这里的学生、老师、家长一片新天地。校长雷明贵不拘一格、大力拓展各种社会资源，将其引进学校的教育体系之内，使得学校的凝聚力愈发强大，影响力也逐渐回馈于社会，为社会输出人才、输出思想、输出实践。可以说，校长雷明贵从学校的一点一滴开始抓起，真正做到了"以达己之心达人，以立己之心立人"。

这其中最重要的思想即劳动教育，劳动教育思想结合临沂半程中学实际情况，发展出适合临沂半程中学的特色劳动教育。劳动教育注重手脑并用，尤其注重落地与实践。一项教育主张要在学校真正落地，课程始终是最重要的抓手。临沂半程中学基于劳动教育理念，研发出了基础性劳动课程群、创生性劳动课程群、发展性劳动课程群共三大课程群，本书的课程案例即从其中精选而出，编纂成集，付之出版。出版目的不言而喻，主要是为了将临沂半程中学的劳动教育思想传播得更远，让更多学生、老师、家长从中获得启发，为孩子的成长、为中国的教育、为充满希望的未来添砖加瓦。

　　本书主要内容，属于山东省临沂市半程中学关于劳动教育课程的真实案例集合，分为红色劳动教育、生活劳动教育、技术劳动教育、传统劳动教育、未来技能劳动教育、实际岗位劳动教育五个部分。本书所涉及课程，贯穿整个劳动教育课程群，从洗衣、做饭，到篆刻、扎染，再到编程开发，包括了日常生活到未来发展的社会所需技能的各类课程，旨在弘扬劳动教育，并以实际课程探寻劳动教育的发展趋势。

李功毅

2021年2月18日于北京

（中国教育报刊社原副总编辑、编审）

目　录

第一章

走进劳动，走进心灵

章节引导：新劳动教育下的红色精神

什么是新劳动教育？

新劳动教育的主要内容是传播劳动知识、教导劳动技能、端正劳动态度、培养劳动习惯。新劳动教育的基本逻辑是以劳树德、以劳增智、以劳强体、以劳育美、以劳创新。新劳动教育的初衷是帮助学生树立正确的人生观、价值观、世界观，培养健全而正确的劳动观念，传播立足时代的劳动技能，全方位促进学生的身心发育。

什么是红色精神教育？

红色精神，是这个时代的精神象征，是历史传统与开创未来的精神核心，是个人与社会在相互促进发展过程中淬炼出的文明菁华。在历史的长河之中，一批又一批的有志青年为了国家乃至全人类挥洒激情，他们不断挑战自我，又不断超越自我；他们胸怀天下，心系国家，抛头颅洒热血在所不惜。这一时期，涌现了一大批风云人物，他们支撑起了国家与社会的发展。

历史洪潮之下的伟大精神，不应仅仅属于历史。在新的时代，我们仍然需要奉献社会的崇高，仍然需要突破创新的奋进豪情，仍然需要心怀家国的红色精神。

能力指向

新劳动教育下的红色意志。

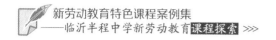
重点能力

以劳树德：引领劳动精神核心，带领整体新劳动教育的发展。

以劳增智：从历史与典故中学习解决问题的逻辑与思考方式。

第一节　困中奋起——南泥湾

课前思考： 南泥湾生产运动有哪几个典型的故事，这些故事教会我们怎样的红色精神，基于新劳动教育思想，我们可以从中得到哪些对生活与学习的启发？

南泥湾精神

抗日战争进入相持阶段后，由于日军的扫荡、国民党顽固派的封锁及严重的自然灾害，各抗日根据地出现物质、财政空前匮乏的局面。陕甘宁边区土地贫瘠，要养活原有的一百多万老百姓，本来就不富裕，"现在又来了几万干部、学生、军队，都是脱产人员，农民的公粮负担由1939年的5万担增至1941年的20万担，连年加重的负担日益引起百姓的不满，单靠当地人民来养活是不可能的"。面对这种情况，毛泽东曾指出，在困难面前是饿死呢？解散呢？还是自己动手呢？饿死是没有人赞成的，解散也是没有人赞成的，还是自己动手吧！在毛主席的号召下，解放区从1939年2月至1945年8月开展了一系列的大生产运动，而南泥湾大生产运动是其中最著名、影响最为深远的一个。

朱德从抗日前线回到延安后，就奔赴各地考察边区资源。1941年春节刚过，朱总司令就到南泥湾进行考察，当他发现荒草覆盖的是黑油油的土地时，激动地大叫："南泥湾是个好地方！"朱德将考察情况向毛主席做了汇报，同时提出了军垦屯田的想法，并提议由王震率359旅屯垦南泥湾。提议得到毛主席的赞同。

王震率359旅在南泥湾的英雄事迹

王震率领359旅717团于1941年首先开进南泥湾东面的临镇。以后718和719团也先后开进南泥湾一带。部队初到这里时，这里荒草丛生、野狼成群。

在荒无人烟的自然环境中种地，却不打鬼子。面临这种窘境，部队思想问题连生。王震全力做起战士的思想工作。1941年3月，他提出："一把镢头一支枪，生产自给保卫党中央。"大力动员每一个人积极参加生产。战士们动手打窑洞、造工具，创造了最基本的生存条件。

经过359旅官兵的齐心奋战，1941年全旅粮食自给达90%，经费自给率达80%；1942年，经费自给率达到93%，全体干部战士都住上了宽敞舒适的窑洞。1943年，全旅开荒种地10万余亩，收细粮1.2万石，粗粮3万余石，养猪4万多口，牛820多头，羊7800多只。1944年，平均每人生产细粮6石多。

到了1944年，除了所有物资自给自足，还能向政府交纳粮食1万担。

359旅在南泥湾的大生产运动中取得了非常出色的成绩，成为八路军在大生产运动中的榜样，其艰苦奋斗、自力更生开垦南泥湾的英雄事迹被广为传颂。

【南泥湾精神的思考与分析】

南泥湾大生产运动创造了巨大的物质财富和精神财富，为边区的大生产运动树立了榜样。硝烟散去，战争成为历史，叱咤风云的英雄们的伟大已载入史册。然而，在历史中延续下来的精神生生不息——自力更生、艰苦奋斗为核心内容的南泥湾精神，激励着一代又一代的年轻人不断奋进。

现在，南泥湾人民更是谨记党的教诲，发扬英雄精神，用自己的汗水继续浇灌着这片肥沃的土地，实现了农业、石油工业、旅游业等全面发展，为祖国的建设事业做出了贡献。

在滚滚历史洪流中，人民发扬劳动精神与红色精神，创造了一个又一个奇迹。处于新时代的我们，应该从几个方面辩证地去思考南泥湾精神的内在逻辑——

历史环境：当时的历史环境有特殊性，如何注定了只有困中奋起，才能有出路？

环境与人：在政治环境恶劣、自然环境恶劣、军事环境恶劣的情况下，党为何选择了迎难而上，而不是另寻他路？

事件剖析：在中国共产党的领导下，人民团结一致努力奋斗，才有了辉煌的运动成果，这其中个体与集体的关系，到底是怎样的？

生产运动：在特殊时代、特殊背景之下，先辈做出了特殊抉择，树立了光辉榜样。现在，我们该如何面对、改造自然与社会环境？

【收获与总结】

在南泥湾运动中，劳动精神使人民不畏艰险，奋力求生，红色精神成为人民在困境中奋起的巨大精神支柱。这其中，如何发挥主观能动性更好地改造客观世界，仍然需要我们通过学习、劳动去实践，去探索，去创新。

【拓展与创新】

生活与学习，我们如何发挥南泥湾精神与具备在困境中奋起的能力？在新时代中，这些能力如何升级、转化形成未来竞争力？

【评价】

	自评	他评	师评	家评
理论知识				
生活实践				

评价说明：评价分为知识理论与生活实践两个维度，自己评、同学评、老师评、家长评四个评价主体，每项分为"优秀""良好""尚可""努力"四个层次。

【其他感想】

_____

_____

_____

_____

_____

第二节　沂蒙红嫂——张淑贞

课前思考：张淑贞的故事给了我们什么启发，教会我们怎样的红色精神，基于新劳动教育思想，我们可以从中得到哪些对生活与学习的启发？

张淑贞的红色精神

张淑贞，女，中共党员，1914年9月13日生于沂南县马牧池乡西官庄，后嫁到东辛庄，1939年3月加入中国共产党，是"沂蒙母亲"王换于的儿媳妇，沂蒙红嫂精神传承人于爱梅的母亲。身为沂蒙红嫂，在临沂市她党龄最长，年龄也最大，是真正的红色精神继承者，也是红色精神的践行者。

舍小家为大家

罗荣桓元帅之子罗东进曾经受到张淑贞抚养，他曾说："娘（张淑贞）像大鸟喂小鸟一样，把饭放在嘴里嚼碎了，一口一口把我们这些孩子养大。"

在抗击日本帝国主义侵略的时期，张淑贞的家乡逐渐"热闹"起来，中共中央山东分局和八路军第一纵队机关等先后进驻沂南县马牧池乡东辛庄村。徐向前、罗荣桓等名将都曾在这里长期战斗、生活。

这一时期，张淑贞与婆婆王换于虽然不能上前线战斗，但对抗战的后方的工作做出了巨大的贡献。张淑贞和婆婆王换于主动照顾部队工作人员的家属，很多烈士遗孤的照料问题也得到解决。她们因地制宜，自家的空间安排满了，就安排到附近的熟识农户家，甚至有人称其为"战时托儿所"。

在这个特殊时期，孩子们的生存，经常要面对日本侵略者的威胁。在"扫荡"时期，张淑贞带人挖掘地瓜窖，将孩子藏匿其中。安全问题解决了，还有"吃饭"问题，孩子们的基本喂养都跟不上，张淑贞挨家挨户地统计信息，动员产后妇女帮助喂养部队上的孩子。

其时，恰逢张淑贞自己的女儿刚刚出生。在部队孩子奶水不够的情况下，张淑贞将奶水优先供给那些革命后代，而张淑贞的孩子却只能喝汤果腹。她的孩子饿得哇哇哭，她心中痛得撕心裂肺，但她仍然将奶水喂给那些烈士遗孤。

三年之中，部队托付的孩子一个不少，慢慢长大，而张淑贞两个孩子却因为营养不良，不幸夭折。

永葆初心本色

1939年3月，张淑贞加入中国共产党，几十年来张淑贞初心不改，用一生彰显了共产党员的本色，也用一生铸就了红色精神。

1942年10月，抗日战争仍在继续。张淑贞对战后伤员的照料不遗余力，有一天，风雨交加，张淑贞冒着被敌人发现的危险前往八路军养伤的山洞。她为了行动便捷，将多件衣服穿在身上，带上煎饼就去了山洞。

在山洞中，见到一位同志，她就给一件衣服，塞一张煎饼，到最后她自身只剩一件贴身衣服，回到家中时她已经被雨水淋得全身湿透。

这一时期，张淑贞全家行动，不顾生命危险，从照顾孩子，到掩护救治伤员和抗日干部，都不遗余力，做到自身的极限。

抗日战争最艰苦的时期是从1940年到1943年这一阶段，张淑贞依然用实际行动践行她的入党誓言。只要条件允许她就不断劳动，纳鞋垫、做军鞋、补军衣，不分日夜寒暑。此时，她担任两个村妇救会会长，负责13个村的抗日宣传和党员发展工作，发展党员20多人，却从未向组织提出额外要求。

在和平时代，张淑贞在晚年因病入院治疗。躺在病床上的她一直想念家中的首饰盒，让女儿于爱梅找到首饰盒带到医院去。于爱梅找到了这个首饰盒，好奇里面到底是什么首饰或者贵重物品。然而结果出乎意料，这个首饰盒中并非金银钱财与贵重首饰，而是她收藏的党徽。张淑贞在弥留之际，仍然将那枚党徽握在手心，重复低语"我是党员"。

张淑贞的红色精神源于她的婆婆"沂蒙母亲"王换于，是她影响了张淑贞，因而加入中国共产党。张淑贞的这种红色精神传承，并没有因为时代变迁而中断，没有因为人民生活水平的提高而变质，张淑贞将这种红色精神也传递给了下一代。"战时托儿所"的故事，她经常讲给她的孩子们，教育他们勿忘红色精神。在张淑贞的影响下，于爱梅这一代叔伯兄弟姊妹21人有15人入党、3人参军。

2015年，全国妇联将张淑贞的家庭评选为中国的"最美家庭"。次年，中央文明委开展了第一届全国文明家庭评选表彰活动，再次将张淑贞的家庭推上榜单。

高洁是张淑贞的外孙女，她时常担任红嫂纪念馆的义务讲解员，她回忆道："姥姥是沂蒙精神的践行者、传承者，作为后人，我们要把红嫂接力棒传承下去，让沂蒙精神熠熠生辉。"

张淑贞用自己的一生来践行她的入党誓言，她始终爱党、爱国、爱军，传承红嫂精神，也将沂蒙精神升华成为一种不可磨灭的信仰。

【张淑贞精神的思考与分析】

历史的长河中还有着许多像张淑贞一样的人，在国家危难之际，他们挺身而出，奉献自己，燃烧自己，照亮他人，温暖他人。时光荏苒，岁序更迭，祖国革命历史的先辈们把鲜血与生命都融入了祖国革命事业之中，但请不要忘记，他们也曾像我们一样拥有花样年华，像我们一样拥有活力青春。

我们深切缅怀那些也曾像我们一样年轻过，把鲜血和生命融入祖国革命历史的先辈们。

身处新时代的我们，应该从几个方面去系统地思考和探索张淑贞的红色精神，从而让我们一步步地形成属于自己的红色精神与劳动精神。

【收获与总结】

在张淑贞的故事中，沂蒙的红色精神以"翻天覆地、战天斗地、感天动地"的特点挥洒在这片红色沃土之上，红色沂蒙的"水乳交融、生死与共"也时时刻刻体现在党与人民面对困境做斗争的协作进取精神上。

现在，让我们思考在张淑贞的故事中，劳动精神与红色精神具体起到了什么作用，战胜了哪些困难？

【拓展与创新】

生活与学习，我们如何发挥张淑贞所代表的劳动精神？

在新时代中，这些能力如何升级、转化形成未来竞争力？

【评价】

	自评	他评	师评	家评
理论知识				
生活实践				

评价说明：评价分为知识理论与生活实践两个维度，自己评、同学评、老师评、家长评四个评价主体，每项最高为100分。

【其他感想】

_____

_____

_____

_____

_____

第三节　掏粪工人——时传祥

【课前思考】

时传祥的事迹给了我们什么启发，教会我们怎样的红色精神，我们可以从中得到怎样的价值观受到什么启发？

时传祥的红色劳动精神

"宁肯一人脏，换来万户净"，这是时传祥一生的劳动精神写照。

时传祥（1915年1月1日—1975年5月19日）贫苦农民出身，祖籍山东德州，在贫困的家庭中成长。在14岁时，时传祥逃荒流落在外，辗转到北京城郊。他在一家粪场中开始他一生的掏粪工作。但谁也没想到，他也因为掏粪，成为全国著名劳动模范，成为第三届全国人大代表。

他到北京城郊宣武门一家私人粪场，受生活所迫当起了掏粪工。在旧社会，掏粪工属于受人压迫、剥削阶层，人称"粪花子"。

那时的老北京城没有什么高楼大厦，到处都是平房，老四合院中集中着大量人口。人们处理粪便的茅坑非常浅，粪便溢出是常有之事，气味非常难闻。

时传祥就是在这种环境中劳动，除了掏粪，他还额外找来砖块，将茅坑砌高，防止溢出。掏粪工作并无休息日，也不用他人找上门，哪里该掏了，他就主动去哪里掏，不管环境是否恶臭扑鼻，无论茅坑深浅，时传祥都会想方设法掏干掏净。茅坑落入砖瓦杂物，时传祥也会用手捞出来，他说："咱要一人嫌脏，就会千人受脏，咱一人嫌臭，就会百家闻臭。俺就脏一人，俺怕脏就得脏一街。"

在新时代，他是一名清洁工人，时传祥发自内心地感到幸福，这种幸福是源于首都环卫事业的自豪感与新中国建设的使命感。每一个职业、每一个岗位的存在与延续，都有其深层次的价值。有的表面光鲜，有的与屎尿为伍，有的高高在上，有的匍匐于下，时传祥认同自己的工作，以自己的劳动为骄傲，以自己的奋斗为光荣。

"宁肯一人脏，换来万户净"，他的这种毫不利己、专门利人的高尚情操，受到人民和党的高度赞扬，他后来被评为全国著名劳动模范，又被冠以"最美奋斗者"的称号。

时传祥对待劳动、对待人民、对待党的那种天然的朴素情感，征服了很多人，但他并非蛮干瞎干，而是苦干结合巧干，在总结经验的基础上进行技术创新，这让他在掏粪工人群体中享有很高的赞誉与威信，被工友们推选为前门粪业工人工会委员兼工会小组长。

在管理组织上，他以身作则，身先士卒，起到了极好的榜样作用。在送粪的轱辘车全部换成汽车后，时传祥主动改革，将以往的7人一大班，改为5人一小班，每人每班从50筒增加到80筒，他对自己的要求则更高，每班背90筒。

时传祥的劳动精神不仅限于工作范围内，比如谁家的墙倒塌，他会主动帮助修砌，谁家的厕所没有挖坑，他会主动帮忙挖坑。这样的一个人，很快就成了邻里百姓尊敬和信任的朋友，逐渐得到了整个社会的认可。

在1956年11月，时传祥宣誓加入中国共产党。1958年被选为北京市政协委员。1959年被评为全国劳动模范，并受到国家主席刘少奇的接见。1966年国庆观礼，作为北京市观礼团副团长受到毛泽东主席的接见。

时传祥的工作并不仅仅局限于掏粪，他关心整体的环卫事业，关心环卫的未来发展。在他的提议下，环卫清洁队开始纳入学历较高的成员，一批初高中毕业生开始进入清洁队，时传祥以崇文区清洁队"青年班"班长的身份，通过言传身教，帮助青年人端正了劳动思想，树立了正确的劳动价值观——工作无贵贱、行业无尊卑，以这种为人民服务的思想带出的队伍，自然是思想过硬，业务一流。后来环卫三队不断涌现先进人物与劳动模范，这和时传祥奠定的基础关系密切。

1975年5月19日，时传祥去世。在去世之前，他对子女表达了一个愿望。他一生掏粪，在旧社会被人认为下贱，但他对掏粪这项工作有感情。他说："我向主席汇报工作时说，各行各业都需要有人接班，我唯一的愿望是你们接好我的班，这个班不是我个人的班，这是党和国家的班！"

他的4个子女不负时传祥所望，均进入环卫工作领域，就连他的孙女时新春也成了环卫工人。

【收获与总结】

时传祥是千千万万中国劳动者的缩影，劳动不分高低不分贵贱，但劳动背后的辛酸与不易却差别很大。劳动收入来之不易，对于劳动成果也要倍加珍惜。请同学们留心观察身边的劳动人民，并说一说他们都有哪些特征？

【拓展与创新】

生活与学习中，我们应当先思考，时传祥的劳动精神与红色精神如何在现实生活中发挥作用，同时为了更好地传承"时传祥精神"，也为了锻炼同学们的实践能力，促进素质全面发展，请同学们自己制订计划开展家务活动，并合理利用现代工具提高效率。

【评价】

	自评	他评	师评	家评
理论知识				
生活实践				

评价说明：评价分为知识理论与生活实践两个维度，自己评、同学评、老师评、家长评四个评价主体，每项最高为100分。

【其他感想】

_____

_____

_____

_____

_____

第二章

走进劳动，走进生活

章节引导：日常生活中的新劳动教育

为贯彻落实习近平总书记关于农村义务教育的讲话精神，扎实做好山东省基础教育改革项目，临沂半程中学秉承"伴成教育"的理念，开设了以培养学生的劳动素养，丰富育人因素为主要目的的"新劳动教育"课程，其中几类课程聚焦"劳动"与"生活"的关系，从大家司空见惯的日常生活讲"劳动教育"抓起——以烹饪、衣物的洗涤和编织技艺等几个方面入手，结合学生的身心发展实际，以问题为主线，以学生的过程体验为中心，又适当穿插了一些有关知识的学习。以人为本，培养学生的动手能力，既体现趣味性，又让学生在轻松愉悦的环境下了解到一些平时在课堂和生活中学习不到，但是又很实用的内容，这是我们这一册"家政篇"编写的目的和指导思想。

学习烹饪，可以帮助我们发扬中华传统饮食文化。中国有着五千多年历史，烹饪文化是我们中华民族的宝贵遗产。因此，学习烹饪是对我国传统的烹饪文化的弘扬、继承和发展。

衣物的洗涤，它不仅锻炼了学生的动手能力，而且在这种活动中，和谐了家庭关系，增进了母女关系、母子关系，也陶冶了学生的情操。

编织具有悠久的历史，很多考古遗址中均出现了编织的痕迹，它对人类的生存和发展产生了较为重要的影响。同时，编织又是一种技术，也是一次手指的运动，编织不同的图案和造型，可以天马行空地发挥你大脑的想象，对培养你的想象力和开发创造力具有很大的作用。

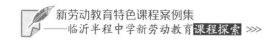

在这里，劳动精神成为老师与学生相互陪伴、共同成长的组成部分，也是培养师生的动手能力，激发学生的创造力的有效手段之一。

能力指向

新劳动教育下的生活能力。

重点能力

以劳树德：亲手解决生活问题，为父母减轻负担，承担更多的责任。

以劳增智：动手能力，逻辑能力。

以劳育美：发现日常生活中的日常之美，生活与学习的和谐向上之美。

第一节　自立自行——让烹饪走进生活

【课前思考】

中国自古以来就有"民以食为天"的说法，在物质文化飞速发展的当今，"吃饱"与"吃好"成为日常生活中最基础的一环。今天，我们就开始学习如何掌握日常烹饪技术，在烹饪技术中，我们又能总结出其中哪些让我们改善生活的劳动精神？

【实践与研究】

环节1：采购

1.不急，先转转

刚进入超市的时候不要着急挑选商品。一般来说，商家会将利润高的物品放到靠近超市入口的地方，如果你一进入超市就急急忙忙地忙着购物，很容易买一些你最近用不着的商品。

2.试试用左手拿东西

大多数人都会用右手选取商品，因此超市就会把一些基于销售的产品放在右手边。如果试着用左手拿东西，会有不一样的体验。

3.从货架最里面拿东西

大多数商家会选择把日期更新的商品放到货架里侧。如果想要买到更新鲜的产品，一定要记得从货架里面选择商品。

4.蔬菜和水果还是到菜市场买

其实，超市里面的水果和蔬菜，特别是水果，往往不是最新鲜的，这是因为蔬菜和水果，从产地到超市的货架，需要经过运输、分拣、打码、上架。如此一来，需要很长时间，各种成本也会增加，而菜市场的环节相对较少。因此，到菜市场买蔬菜和水果是最佳选择。

5.选购物品时尽量翘翘脚弯弯腰

超市的商家多数会把他们着急卖的商品或者利润高的商品，摆放到和我们身高比较相近的高度上，这样我们选购的时候就方便很多。所以，我们顺手就能碰到的商品，可能不是最物美价廉的东西，你如果想买到最物有所值的东西，就需要翘翘脚弯弯腰，在货架的高处或者低处找一找，可能就会有不错的发现。

环节2：常见蔬菜的保存

1.葱

02 切碎　　**02** 沥干水分，放入空瓶中　　**03** 放入冰箱冷藏

单击编辑标题
点击此处可以编辑内容，可以根据具体需要进行相应调整即可

单击编辑标题
点击此处可以编辑内容，可以根据具体需要进行相应调整即可

单击编辑标题
点击此处可以编辑内容，可以根据具体需要进行相应调整即可

2.韭菜

用纸包住捆好，放在阴凉处　　用新鲜白菜叶包好，放在阴凉处

3.洋葱

新买回来的洋葱，去掉表面的干皮，装进丝袜中，存放在干爽通风处，保鲜期可达8个月。

需要特别注意：洋葱一定不要和土豆放在一起，不然会很快地腐烂变质。

4.冬笋、生姜

5.番茄

避免阳光直接照射或暴晒，平铺并倒置摆放，室温下保存就可以。假如我们买的是非常成熟的番茄，最好放到冰箱里保存。要注意，吃前要先拿出来回温。

6.土豆

在干爽、通风、避光的地方存放就可以，如果将土豆和苹果放一起，这样土豆就不会发芽。

7.莲藕

洗净泥土后放入水盆内，倒入清水浸没莲藕，一至两天换一次水就能保存一周左右。

环节3：常用烹饪方式

1.炒

韭菜炒螺丝，黑胡椒炒牛肉片、蒜薹炒肉等都是典型的炒菜。炒是烹饪中最典型的烹饪方法。炒是最快速也是最便捷做出菜的方法，而且炒出的菜美味可口。

此种烹饪方法最常使用的烹饪用具是炒锅和炒锅铲等。炒锅通常是放在燃气灶上应用，但如果需要预热到高温则可以使用电磁炉。

适合炒的方式制作的食材：一般是肉类或海鲜，或者是蔬菜和豆腐的组合等。所有的食材在烹饪前都是做成薄切片或立方体的形状。调料则使用酱油、醋、各种酱料、盐和其他调味料。

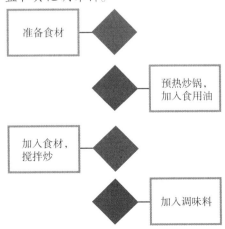

准备食材

预热炒锅，加入食用油

加入食材，搅拌炒

加入调味料

2.炸

炸这种烹饪方法适用于做酥脆的菜品和食物。

它通常是先把油加热到较高的温度，然后加入肉类或蔬菜等，直到煎至金黄色。

这种烹饪方法一般要用深锅并且要用油炸，还要使用中式铲式过滤器（用于盛放油炸锅中的食物，从油中取出食物）和长筷子等。

3.蒸

用竹蒸笼、不锈钢蒸笼、铝合金蒸笼等蒸食物，也是我们常用的一种烹饪方法。

它主要是利用蒸汽将食物加热，它被认为是最健康的烹饪方法之一。蒸汽可以使菜肴味道更清新可口，它能够最大限度地保留食物中的各种营养成分，减少各种营养成分的流失。

中国人经常通过使用竹蒸笼来蒸煮食物，这些蒸笼可以一个堆叠在另一个上面，它的最大优点是能一次蒸煮几种食物，从而节省时间和燃料。

4.炖

炖是一种正宗的中国烹饪方法，主要用来加工烹饪各种肉类和禽类，有时一些鱼类也使用这种方法加工。

其主要方法是将肉类或鱼类在低火状态下慢慢地加热烹饪。在肉类变成浅褐色时，加入少量的酱油、白糖、料酒、姜片、大茴、辣椒面、十三香和其他调味料，这种方法制作的肉类一般需要1小时以上才能达到所需的嫩度。

该菜品的特点是酱汁丰富，深褐色看起来让人非常有食欲。最典型的菜品就是炖排骨、酱牛肉等等。这种方法需要的器具非常简单，一般只需要一个炖锅就可以了。

5.煮

煮是最简单的一种烹饪方法。我们平时非常爱吃的火锅就是利用了煮的方法。

这种烹饪方法的优点是制作简单，比其他方法用的时间要短，并且最大限度地保留了食物的营养成分，颜色、质地和形状也能基本保留未加工以前的样子。这种烹饪方法，首先将要加工的食材进行充分洗涤并进行必要的切割，然后把食材放入沸水或肉汤中。大火至沸腾，然后小火直至煮熟，当它们完全熟透后，要马上将水分控干，然后将它们与你喜欢的调味料一起食用。这种制作方法主要适用于小型的以及比较软的食材，例如，一些蔬菜和蔬菜汤就可以使用这种方式进行制作。

用这种方法制作的食材，最有名的食材就是西兰花蚝油、番茄和鸡蛋汤。该烹饪方法用的主要器具就是煮锅、长筷子、不锈钢过滤器等。

6.烤

我们所熟知的著名菜品北京烤鸭就是烤制美食。许多中国食物，如鸡、鸭、整只羊、羊腿和整只猪都可以这样烹饪。

通常方法是，准备好要烤的肉（清洁），然后将其悬挂在火上或放在非常热的烤箱中。肉必须烤，以使食材口感酥脆。当肉被烤好后，将其切碎，放在盘子上，并配以由肉汁制成的酱汁。

【收获与总结】

从选购、保存，最后到烹饪的各种方式方法，我们已经学到了很多相关知识，同时也需要亲自去实践并提高技能。我们仍需思考，在这些环节中，新劳动教育是如何在日常劳动中发挥作用的，其中有哪些体现了临沂半程中学的新劳动教育精神与优良品质，尚需我们在实践中探索与思考。

【拓展与创新】

生活与学习，日常生活中烹饪技能会带给我们什么便利？

在新时代中，烹饪所培养能力如何升级、转化形成未来竞争力？

【评价】

"烹饪"课程评价表

班级：_____ 小组：_____ 姓名：_____ 评价日期：_____

评价项目		评价内容	自评	师评	他评	家评
学习态度		对参与研究活动有强烈的热情，有认真的贡献，有积极获取相关知识和技能的能力				
组织合作		能够积极合作，与团队其他成员合作，积极交谈，提供独特的信息，协调和沟通				
工作方式		能够提前制订计划，有序有效地组织活动，遵守团队规则，能够一步一步地完成活动				
操作能力	搜集处理信息能力	能够通过互联网、图书馆等多种方式收集数据，并有效组织收集到的信息，能够从不同角度理解这项技能				
	社会调查能力	了解如何在调查过程中与他人打交道，调查表格的设计是否合理，有调查记录和调查报告				
	反思能力	在活动中，你可以以开放的心态倾听他人的评价，继续反思自己，发现问题并且及时解决				
	发布成果能力	能够通过并发布丰富的活动成果，比如有针对性、详细性和恰当性的文件等				
实践成效		在规定的期限内完成任务，活动记录及时、真实、完整				
		所输出的内容，可以很好地显示活动的过程和收获，而且显示的活动品质高，有创新				

评价说明：根据各个评价维度，四个不同主体（学生、老师、同学、家长）分别对学生进行评价，分为"优秀""良好""尚可""努力"四个层次。

【其他感想】

_____

_____

_____

_____

_____

第二节　涤荡身心——从清洗衣物开始

【课前思考】

我们常说衣食住行，可见"衣"是我们生活中最为常见的元素之一，那么各种各样的衣服，在日常生活中，我们当如何进行洗涤与保养？下面，我们将从"纯棉""羽绒""羊毛"三种常见原材料衣物的洗涤来为同学打开劳动教育的启迪之门。

【实践与研究】

环节1：纯棉

纯棉衣物因为穿着舒适，透气性好而广受大家的喜爱，相信每个家庭都有不少的纯棉衣服，同学们，你有几件纯棉的衣服，你会打理它们吗？

其实，纯棉衣服的洗涤和保养与一些毛料衣物相比，还是比较简单的，让我们一起来看一看，纯棉衣服的打理方法。

1.纯棉衣物的洗涤

（1）纯棉的衣物既能机洗也能够手洗。

但是纯棉衣物的纤维弹性较差，
因此，洗涤时要轻轻搓洗，避免衣物变
形走样，如果变形了，穿在身上既不美
观也不合身。如果是洗衣机进行洗涤，
须选择漂洗或弱洗功能，切忌脱水时间
过长，最好控制在1分钟左右。

（2）使用专用的洗涤用品。

首先将衣物内层进行外翻，然后置于40℃以下的温水中浸泡15分钟，再
进行手洗。需要强调和注意的是，碱性较强的清洗剂对衣物有损伤，洗涤纯棉
衣服不能使用过强的碱性洗涤液。

（3）用冷水冲洗。

纯棉材质因为着色度较低，在洗涤时容易掉色。因此，棉织衣物在洗涤
时最好使用冷水，这样可以保持衣物的色泽不会轻易发生改变。

（4）深色、浅色衣物分洗。

因为衣物在洗涤时，会有脱色现象，如果将深色、浅色不一的纯棉衣物
放在一起洗，会产生混色现象。为避免这种情况出现，最好将颜色深浅不一的
衣物分开洗涤。

（5）慎用含有漂白成分的洗涤剂

含有漂白成分的洗涤剂，很容易造成带颜色的纯棉衣物脱色。因此，除
非有特殊情况，否则对纯棉衣物应谨慎使用含有漂白成分的洗涤剂。

2.纯棉衣物的保养

（1）中温熨烫。

可采用一百五十度以下的中温进行熨烫，也可以采用蒸汽熨烫，但是，
需要特别注意，熨斗不能直接接触印花部分，不能暴晒或者放在温度很高的地
方进行晾晒。

（2）避免暴晒。

纯棉衣物一定不要长时间暴晒，如果经常长时间暴晒，既容易褪色发

黄，衣物的牢固度也会降低。

（3）纯棉衣物洗涤干净并晾干以后，深色的和浅色的一定要分开放置。

（4）注意通风，避免潮湿，以免发霉。

（5）贴身衣物尽量避免用热水浸泡，因为蛋白质遇热凝固以后，会出现黄色的汗斑。

环节2：羊毛

我们每个家庭都有各式各样的羊毛衫、兔毛衫、驼毛衫等毛衣织物，这类衣物的洗涤和保养要特别注意。

1.毛衣织物的洗涤

（1）羊毛衫等毛衣织物如果遇到碱性物质容易被腐蚀变形，所以我们在洗涤这类衣物时要选择中性洗涤剂，也可以使用专用的毛衣织物洗涤剂，这样洗过的羊毛衫就能保持原有的光泽和柔软度。

（2）洗涤时先把衣物放在有洗涤剂的温水中浸泡30分钟，然后反复轻压3～5分钟，切忌搓洗，然后再用清水漂洗几次，直到没有泡沫就可以了。

（3）漂洗好的衣物一定不要拧绞，具体方法：先将漂洗好的衣物平铺在干毛巾上，上面再用干布盖住，使之吸收一定量的水分，最后再放到阴凉处晾干，不要放在阳光下暴晒，如果暴晒，衣物会发硬变形。晾时最好把衣物放入网兜，用衣架挂起来晾晒容易变形。

2.羊毛衫的穿着

如果身穿羊毛衫，注意不要穿过于粗糙的外套，并且外衣口袋不要装坚硬的东西，也不可以放过多的物品，这样容易摩擦起球。装满物品会导致衣服鼓出或下垂。衣服一旦弄脏立即用冷水清洗小的污点，然后用一块干净的布将水分吸干。

3.羊绒衫的保养

羊绒衫换季不穿时必须洗干净，晾干后放在透气性好的衣箱或衣橱内存放，并在其中放入用软布或纸包好的樟脑球，以防止虫蛀。

羊绒衫的领口与袖口，是与外套产生较多摩擦的部分之一，因此也较容易起球。在洗涤时，要严格按阅读洗涤剂说明，并查看衣物的洗涤标签标注，使用中性洗涤剂。如果洗涤操作不当，可能会导致羊绒衫毡缩。羊绒衫要注意及时清洗，平摊晾干，并且放入防蛀剂保存。每年的六七月份，正值梅雨季节，这也是蛀虫的产卵期。我们可以采取对策，此时可以用一块白布遮盖在衣物上，可以有效降低衣物被蛀的概率。

4.羊毛衫的保养

羊毛衫在生产的过程中可能会沾染上油渍、石蜡、灰尘等脏物，羊毛衫在出厂后也会进行防蛀处理，因此新羊毛衫的气味并不好闻。我们在正式穿之前，最好用清水洗涤一次。

同一件羊毛衫不能够连续穿用，如果超过三天穿同一件羊毛衫，羊毛衫的天然弹性将会逐渐降低。因此，一件羊毛衫在穿两三天后就要更换，使羊毛衫的弹性自然恢复。

穿过的羊毛衫，放置环境也有一定要求，最好是凉爽透气，并用衣架挂起。如果羊毛衫接触到水汽，要尽快将其晾干，但切忌阳光直晒，更不能用电吹风直接烘干，强烈的阳光直晒和电吹风太大会让羊毛衫变硬、走形。

【收获与总结】

相比烹饪，衣物的清洗与保养更容易被忽视，经过以上课程，同学们也知道衣物的清洗与保养并非轻而易举就能做到做好，其中很多细节仍然值得不断深挖与优化。请同学们思考，衣物的洗涤与保养涉及我们所学的哪些物理知识与化学知识？

【拓展与创新】

经过系统地学习与思考，我们了解生活中的日常劳动并不简单，需要我们主动发扬劳动精神。请同学们动起手来，按照所学知识洗涤身边的衣物。同时，请同学们思考，我们如何在以后的学习与生活中更好地发扬劳动精神？

【评价】

"洗衣"课程评价表

班级：_____ 小组：_____ 姓名：_____ 评价日期：_____

评价项目		评价内容	自评	师评	他评	家评
学习态度		对参与研究活动有强烈的热情，有认真的贡献，有积极获取相关知识和技能的能力				
组织合作		能够积极合作，与团队其他成员合作，积极交谈，提供独特的信息，协调和沟通				
工作方式		能够提前制订计划，有序有效地组织活动，遵守团队规则，能够一步一步地完成活动				
操作能力	搜集处理信息能力	能够通过互联网、图书馆等多种方式收集数据，并有效组织收集到的信息，能够从不同角度理解这项技能				
	社会调查能力	了解如何在调查过程中与他人打交道，调查表格的设计是否合理，有调查记录和调查报告				
	反思能力	在活动中，你可以以开放的心态倾听他人的评价，继续反思自己，发现问题并且可以及时解决				
	发布成果能力	能够通过并发布丰富的活动成果，比如有针对性、详细性和恰当性的文件等				
实践成效		在规定的期限内完成任务，活动记录及时、真实、完整				
		所输出的内容，可以很好地显示活动的过程和收获，而且显示的活动品质高，有创新				

评价说明：根据各个评价维度，四个不同主体（学生、老师、同学、家长）分别对学生进行评价，分为"优秀""良好""尚可""努力"四个层次。

【其他感想】

_____

_____

_____

_____

_____

第三节 热爱生活——从编织衣物动手

【课前思考】

人类编织衣物的历史源远流长，早在原始社会，人类就能够利用树叶、兽皮来蔽体，在渔牧生活中结网捕鱼，这些行为已经运用了不少编织技巧。随着社会的进步和科技的发展，人类不仅能利用各种动植物的天然纤维，编织生活中所需的物品，而且还研发出了各种各样的化学纤维和矿物纤维等，让人类的生活更舒适和便利。

所以编织的历史也就是一部人类文明的进步和科技的发展史。因此，我们要在劳动中看到历史前进的动力，在历史中看到劳动精神的作用。

【实践与研究】

环节1：儿童毛衣的编织（节选）

第一步：

选择6号棒针，两卷细毛线，当然了，这还要根据我们织的大小，决定最终要几卷毛线。

第二步：

后幅起针62针也就是31双。起好后先织底部，两针平针一针上针排好。

顺序：平1上1+平1上1+平1上1+平2上1+平2上1+平2上1+平2上1+平2上1+平2上1+平2上1+平2上1+平2上1+平2上1+平2上1+平2上1+平2上1+平2上1+平2+上1平1+上1平1+上1平1=62针

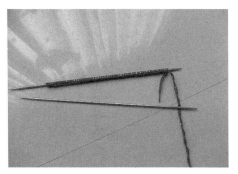

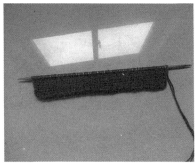

正面　　　　　　　　　　　　　背面

环节2：儿童毛衣编织方法

织10个来回，等于20行，即可织正件的"花"了，中间是两个反方向的大麻花，这是非常简单的"花"。

排一下花：

平1上1+平1上1+平1上1+平14+上1+小麻花2+上1+大麻花14+上1+小麻花2+上1+平14+上1平1+上1平1+上1平1 =62针

腰身织到5寸半，即可分袖孔，隔行收针，两边各收一针。

第三

环节3：大麻花的织法

大麻花14针，分为3、4、4、3、（4分别向左右扭），先织4再织3，然后在先织3再织4，4针的在上面，3针的在下面，织6行扭1次。

这是右边的收针法，左边的收针法，同学们反方向收就对了。

注意：中间14针平针收完，剩一针就停下，而后直接往上织2～3个麻花即可，如下图：

下面开始前幅部分，将两片分开织，每片方法和前面一样，排花比上面简单许多，它的顺序是：

平1上1+平1上1+平1上1+平14+上1+中麻花8+上1平1+上1平1+上1平3 =37针，织到5寸半左右就可以收针了，方法同上。

小麻花织法：

小麻花8针，2，2，2，2，分同大麻花织法相同，针数不同。

前面两片的花要织对称。

同学们需要注意，前两片的小麻花织了18个后，要挖领，从袖口这边的8针平针和下针开始，就是小麻花旁边的那针，隔行收1针，共收2针，一共织4行，小麻花和另一边的6针平针和下针保持原状，用另外棒针挑着，不要去织它。

这三片都织好后就可以织帽子了，把三片位置摆好后，把它们连接起来并在一起，把挖领处收了的那几针挑回来织，一共76针。

这样往上织，织到4～5寸就可以了，然后把76针分成两半，收并起来就形成帽子了。

钉上扣子

用电熨斗熨平，这件好看又实用的儿童毛衣就织好了。

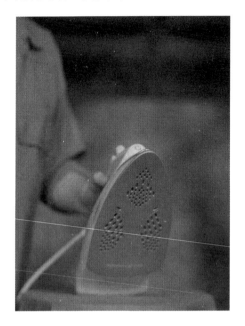

【收获与总结】

【拓展与创新】

【评价】

"编织"课程评价表

班级：_____   小组：_____   姓名：_____   评价日期：_____

评价项目	评价内容	自评	师评	他评	家评
学习态度	对参与研究活动有强烈的热情，有认真的贡献，有积极获取相关知识和技能的能力				
组织合作	能够积极合作，与团队其他成员合作，积极交谈，提供独特的信息，协调和沟通				
工作方式	能够提前制订计划，有序有效地组织活动，遵守团队规则，能够一步一步地完成活动				

评价项目		评价内容	自评	师评	他评	家评
操作能力	搜集处理信息能力	能够通过互联网、图书馆等多种方式收集数据，并有效组织收集到的信息，能够从不同角度理解这项技能				
	社会调查能力	了解如何在调查过程中与他人打交道，调查表格的设计是否合理，有调查记录和调查报告				
	反思能力	在活动中，你可以以开放的心态倾听他人的评价，继续反思自己，发现问题并且可以及时解决				
	发布成果能力	能够通过并发布丰富的活动成果，比如有针对性、详细性和恰当性的文件等				
实践成效		在规定的期限内完成任务，活动记录及时、真实、完整				
		所输出的内容，可以很好地显示活动的过程和收获，而且显示的活动品质高，有创新				

评价说明：根据各个评价维度，四个不同主体（学生、老师、同学、家长）分别对学生进行评价，分为"优秀""良好""尚可""努力"四个层次。

【其他感想】

_____

_____

_____

_____

_____

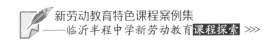

第三章

走进劳动，走进技术

章节引导：工匠精神，始于劳动

中华文明的优秀传统文化积淀了非常多的财富，其中不畏艰险的劳动精神是从上古时代到21世纪从来就没有间断过的信仰之一。源于劳动的专注，工匠精神一直为社会各界所推崇，这不仅仅是一种职业精神，它更是道德、能力、品质的体现，是劳动者对产品的值取向和行为表现。因此，我们以生活常见技术技能为切入点，从小培养孩子们在劳动中的优良工匠品质与专注精神。

能力指向

新劳动教育下的日常技术应用。

重点能力

以劳增智：专业知识的学习能力，专业技术的逻辑构思能力。

以劳育美：设计能力，审美能力。

以劳创新：从技巧到技术的专业创新。

第一节　木　工

【课前思考】

在我们身边木制品无处不在，这类产品已经早早地成为生活里的不可或缺的物品，人类通过对木材的精美再造，它还能够对我们的世界加以点缀，使我们的世界变得绚丽多彩。大家了解木工制作的历史吗？

鲁班是我国历史长河中的著名木匠，他给古人对木头的运用打开了新的大门。鲁班创造了墨斗、刨子、凿以及锯等各类工具，极大地推动了国内木工产业的前进，同时也使木工变成了国内传统且悠久的手工技能。是先辈们的辛勤劳作，不断创新，才有了我们生活中多姿多彩的木工品。大家知道这些木工是怎么做的吗？

【实践与研究】

环节1：认知与设计

按照自己在调研过程中与查找资料时了解的信息，将这些信息与实际操作结合起来，熟练掌握各类工具的使用方法，通过使用各类工具来对自己提前备好的木材进行处理与加工，进而完成组内设定好的主题吧。

小组合作探究活动

1.认识工具，并检查材料

首先，我们开始认知了解各类工具的结构特点和使用技巧。

a.羊角锤：由锤柄和锤头两部分构成。锤头的一边为圆形铁，另一边是扁平下弯且呈"V"字口的羊角形。主要是用来敲击和拔钉用。

b.手板锯：由锯手、锯弓以及锯条组合而成，锯手能够把手板锯握住，锯弓起的是拉紧与夹住锯条的作用，锯条一般用在切割材料上。

c.扁嘴凿：一般用于砸榫孔。

木材、工具的种类：大家准备的木材是如何选择的？按照各小组设计的不同主题，采用生活中被丢弃的木材以及板状木材，进行二次使用，这样可以很好地节约资源。木材的类型有很多，例如梧桐木、红松木、杨木以及柳木等等。

根据树木的种类便可以生产出各种不同的木材，而按照各种木材的特点与优势，也能够制造出多种多样且具有不同功用的木制品。

并且用途接近的工具也存在很多类型，工人们便是使用各类的工具对各类的木材进行加工制造，如此我们的世界才变得缤纷绚烂，各位同学现在想拿起手中的工具创作属于你们小组的木制品吗？

需要注意的是，制造木材的工具十分危险，若没有用正确的方式使用它可能会出现危险，因此希望同学们在制作自己心爱的木制品时，一定要小心谨慎地遵循工具的使用方法，保护他人与自己的安全。

环节2：创作与实践

先动脑，后动手

设计思路：

_____

_____

_____

_____

_____

实践要点

1.画线：使用尺子与铅笔测量出每个部件的大小，在画线的时候需要注意准确度，以及拐尺的使用方法。

2.锯割：用锯切割木材，需要注意在切割木材的时候应该压线，稳定木材并沿着直线进行切割，以此来避免切割时方向偏离。

3.打磨：用砂纸将分割的木材打磨光滑。

4.拼接组合：连接木材的方式是榫连接、胶连接以及使用螺丝或钉等机械连接。在使用榫进行连接的时候应该做好榫孔与榫头。在使用胶进行连接的时候要注意这一方式通常是使用在木材的边和边上的。

5.成型：把提前备好的部件按照相应的顺序进行组合，并且进行加固和装饰。

通过同学们的共同合作，各个小组都顺利制作出了自己的木制品，那么有请各小组派出一位代表分享自己的成果吧。

相框制作组：

材料：板条状的梧桐木。

工具：刨子、刷子、铅笔、彩笔、羊角锤、三角拐尺、手板锯和钉子等。

具体步骤：

1. 先进行画线

2. 用锯子进行切割

3. 使用刨子对木材进行抛光

4. 通过钉子组合木材部件

5. 使用刷子与彩笔对木材上色

"鸟巢"制作组

这件作品的主要材料来源于生活中一件废弃的家具，我们用胶合板在家具上设计了一个"鸟巢"。

工具：手锯、胶水、刷子、剪刀、刀、铅笔、指南针、尺子等。

具体步骤：

1. 我们先把木板折起来

2. 设计好，然后锯开

3. 用剪刀和刀雕刻鸟巢的门

4. 最后把它和胶水结合起来。

鸟巢制作小组的学生环保意识很高，利用废弃材料的再利用进行创新创作，这一点他们赢得了很多人的掌声！请板凳制作团队为大家继续下一个演示。

木盒制作组：

材料：木板。

工具：手工锯、剪刀、刀具、斧头、犁、铅笔、尺子。

制作关键：该组巧用胶带，制造和盖子与底部；使用了一个连接的凹槽，各部件进行合并。小组成员谢李扬的父亲，他是细木工家具的专家，为小组提供了很多建议，起到了非常重要的作用。

木盒组的学生制作精良。他们注意在生产过程中处理木材的不同方法。他们善于要求父母学习技术技能。这对我们所有人来说都是值得的。木盒组的学生制作精良。他们注意到在生产过程中处理木材的不同方法，他们善于向父母学习相关技能。这对我们所有人来说都是值得借鉴的。

【收获与总结】

在同学们的积极合作和共同努力下，同学们对木工制作的相关知识有了更深入的了解，也体验了木制品的创作活动。木制品的成型，基于多种力量的共同协作，有学生、有老师、有家长，形成了主体上的开放式课堂。基于这一点，我们对于好的想法和创造力，可以运用集体智慧，增加灵感，改进形式。同学们也可以试着汲取团队的研究成果，将自己的作品变得更加优秀。

【拓展与创新】

在高度工业化与流水线作业的现在与将来，木工对我们现实生活的意义有哪些？木工所蕴含的劳动精神，又如何在日常生活与学习中发挥作用？

【评价】

"木工"课程评价表

班级：_____ 小组：_____ 姓名：_____ 评价日期：_____

评价项目	评价内容	自评	师评	他评	家评
学习态度	对参与研究活动有强烈的热情，有认真的贡献，有积极获取相关知识和技能的能力				
组织合作	能够积极合作，与团队其他成员合作，积极交谈，提供独特的信息，协调和沟通				
工作方式	能够提前制订计划，有序有效地组织活动，遵守团队规则，能够一步一步地完成活动				

续表

评价项目		评价内容	自评	师评	他评	家评
操作能力	搜集处理信息能力	能够通过互联网、图书馆等多种方式收集数据，并有效组织收集到的信息，能够从不同角度理解烹饪这项技能				
	社会调查能力	了解如何在调查过程中与他人打交道，调查表格的设计是否合理，有调查记录和调查报告				
	反思能力	在活动中，你可以以开放的心态倾听他人的评价，继续反思自己，发现问题并且可以及时解决				
	发布成果能力	能够通过并发布丰富的活动成果，比如有针对性、详细性和恰当性的文件等				
实践成效		在规定的期限内完成任务，活动记录及时、真实、完整				
		所输出的内容，可以很好地显示活动的过程和收获，而且显示的活动品质高，有创新				

评价说明：根据各个评价维度，四个不同主体（学生、老师、同学、家长）分别对学生进行评价，分为"优秀""良好""尚可""努力"四个层次。

【其他感想】

_____

_____

_____

_____

_____

第二节　自行车维修

【课前思考】

请同学们利用互联网与图书馆等其他资料检索手段，提前学习了解自行车的发展史，并了解当下市面上的主流自行车基本情况，同时思考自行车维修与劳动精神的关联，我们又如何在其中朝着工匠精神进发？

【实践与研究】

环节1：认知自行车结构

自行车的组成部分（基本结构）

一个完整的自行车涵盖了25个部件，里面又涵盖了200多种类型的1000多个零件。

依据其被装置在不一样部位以及具备的不一样的功能，又将这些部件划分成基础部件、附属部件两大类型。

基本结构（1～16个部件）。是自行车必不可少的部件。

附属部件（7～25个部件）。根据生活体验与搜索思考讨论。

自行车的三大系统：

1. 导向系统：由车把、前叉、前轴、前轮组成。它们主要是用来操控自行车行进的方向，也可以承受负荷外。

2. 驱动系统：脚蹬、中轴、链条、飞轮、后轴、后轮为主要组成成分。骑行者利用其保障自行车的前行，给予自行车以动力驱使。

3. 制动系统：由前车闸、后车闸组成。其能够使得前行过程中的自行车得到降低速度或者是停止的控制，通过制动系统能够有效地保障乘骑者的人身安全。

图2-1 普通自行车实物图

1. 前轮 2. 辐条 3. 花鼓 4. 前叉 5. 前刹 6. 钢索 7. 刹车及变速把手 8. 车把 9. 竖杆 10. 车架 11. 前变速 12. 车座杆 13. 车座 14. 后刹 15. 货架 16. 飞轮 17. 反光镜 18. 后轮 19. 后变速 20. 脚撑 21. 气门 22. 后轮 23. 链条 24. 轮盘 25. 脚踏 26. 曲柄

熟悉自己的自行车的主要部件

向往的自行车

环节2：认知工具

1.活动扳手：构造

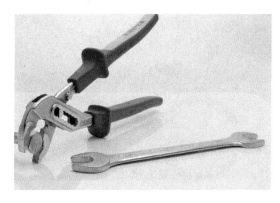

功能：通常用作拧动螺母以及其他零部件。

使用时的注意点：扳口必须夹紧螺母两边的平面，并且扳手使劲的方向正确。

2.套筒扳手：构造

注意事项：在扳拧螺母的时候，必须确保螺母六个棱角都一起受到力的作用，如此才能确保螺母不容易被损毁。

3.手钳：其结构主要有钳头和钳柄这两个零件组成。

4.螺丝刀：构造

依照刀体各异的端头，整体上把螺丝刀划分成"一"字型以及"十"字型这两个样式。通常情况下我们常常使用的为"一"字型，即用作拆装（旋拧）端面上有个"一"字型凹槽的螺丝刀。

5.手锤：构造

注意事项：开始利用手锤前，必须检测一下锤头和锤柄间有没有稳固的结合，以免会造成锤头脱离滑落而伤害到他人的行为。

工具介绍：台虎钳与手锯

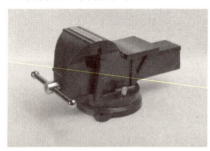 

台虎钳即为普遍可以见到的一种夹具，其能够被划分成固定式以及旋移式这两个样式。每次我们操作台虎钳的时候必须把它装置于钳工桌上使用，一般用来稳定必须被拆卸以及修理装配的零件。

手锯即为一种锯割工具，我们修理车辆的时候常常会用到的钳工手锯（也被叫作钢锯），其主要是由锯弓以及锯条这两个零部件组成的。

环节3：实践操作

1.可以准确发现自行车属于什么问题，能够拆分和安装自行车零部件即为修理自行车的基本前提。

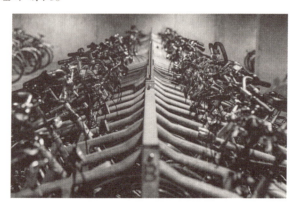

2.在维修自行车的时候必须用合适和恰当的修理工具。

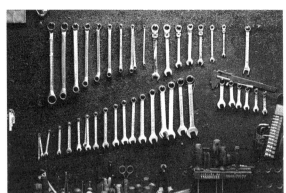

3.故障判断法

（1）直观判断。

（2）耳听分析。

可结合"望""闻"二法。

4.实践：

（1）以小组为单位，根据手头现有的一些新、旧螺母，判别螺母的方向。

（2）对于自行车上面部分已经生锈的螺母，有过手里的螺母还有其他相关的工具来进行拆换。

环节4：车把、前叉相关实践

1.车把、前叉部件拆卸步骤：

（1）拧松前、后闸紧闸螺钉。

（2）拧松把芯丝杆。

（3）轻轻锤击把芯丝杆。

（4）拔出车把。

（5）把自行车放置在相关的衣架上并且使其处于稳妥状态。

（6）卸下前叉锁母。

（7）取出车灯架。

（8）拧下前叉上挡。

（9）卸下前叉叉身。

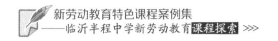
2.注意事项：可以先用布严实地包裹在下叉碗处以及前叉下挡处这两个部分，以此来避免对前叉进行拆卸时其叉碗中所包含的钢球丢失。

拆卸完成后，教师检查总结。

3.车把、前叉部件的安装

（1）首先将各个零部件擦净后同时在上、下两个不同的叉碗中涂抹一定量的黄油。

（2）在上、下叉碗内装上钢球。

（3）装复前叉叉身。

（4）按要求拧上前叉上挡。

（5）装复车灯架。

（6）拧上锁母。

（7）装妥把芯螺母。

（8）前闸拉杆穿越车灯架孔。

（9）调整车把高度和方向。

（10）拧紧把芯丝杆。

（11）装复车闸。

【收获与总结】

学习完租自行车维修课后，我们了解到自行车的修理并非原先想象的那样简单。做好一件事，前期的历史背景，研究对象的基本架构，操作的具体工具使用，最后动手实践，处处都体现着劳动精神，这要求我们手脑并用，知行合一，相互促进。

【拓展与创新】

到一家自行车修理站联系一下修理师傅，详细观摩他对车把、前叉部件的拆装过程，自己可以争当工人师傅的小帮手。

【评价】

"自行车维修"课程评价表

班级：_____　小组：_____　姓名：_____　评价日期：_____

评价项目		评价内容	自评	师评	他评	家评
学习态度		对参与研究活动有强烈的热情，有认真的贡献，有积极获取相关知识和技能的能力				
组织合作		能够积极合作，与团队其他成员合作，积极交谈，提供独特的信息，协调和沟通				
工作方式		能够提前制订计划，有序有效地组织活动，遵守团队规则，能够一步一步地完成活动				
操作能力	搜集处理信息能力	能够通过互联网、图书馆等多种方式收集数据，并有效组织收集到的信息，能够从不同角度理解这项技能				
	社会调查能力	了解如何在调查过程中与他人打交道，调查表格的设计是否合理，有调查记录和调查报告				
	反思能力	在活动中，你可以以开放的心态倾听他人的评价，继续反思自己，发现问题并且可以及时解决				
	发布成果能力	能够通过并发布丰富的活动成果，比如有针对性、详细性和恰当性的文件等				
实践成效		在规定的期限内完成任务，活动记录及时、真实、完整				
		所输出的内容，可以很好地显示活动的过程和收获，而且显示的活动品质高，有创新				

评价说明：根据各个评价维度，四个不同主体（学生、老师、同学、家长）分别对学生进行评价，分为"优秀""良好""尚可""努力"四个层次。

【其他感想】

_____

_____

_____

_____

_____

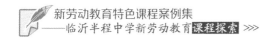
第四章

走进劳动，走进传统

章节引导：新劳动教育与传统手艺的结合

人类是通过劳动来认识、改变、创造世界的。正如大发明家爱迪生曾说过的那样："世间没有一种具有真正价值的东西，可以不经过艰苦辛勤的劳动而能够得到。"

翻开人类文明史，我们会感受到它同时也是一部人类的劳动史。世界上每个个体所追求的最高目的，都需要劳动的介入。劳动是人类区别于动物的进化"分水岭"，更是人获得解放和发展的动力源泉。俄国教育家乌申斯基曾指出："劳动是人类存在的基础和手段，是一个人在体格、智慧和道德上臻于完善的源泉。"

因此，我们将传统劳动技艺，作为新劳动教育的切入点与劳动精神发扬的载体，让学生在传统技艺中体会劳动的伟大。

能力指向

以毅力坚守传统，以创新发扬传统。

重点能力

以劳增智：逻辑能力。

以劳育美：审美能力。

以劳强体：执行能力。

第一节　版　画

【课前思考】

版画除了能够给我们带来与艺术相关的能力之外，还能培养我们什么能力？我们不仅要了解版画的历史，更要以学生的身份来了解版画教育本身——我们为什么要学习版画？

【实践与研究】

环节1：认知

版画早已风靡全球，版画教育也在很早就获得了很多美术教育家的高度重视，各个国家的教育系统也相应开发出各适合各级学校以及幼儿园的版画课程。在俄罗斯、美国、德国、瑞士、英国、法国、加拿大、日本这些大家耳熟能详的国家中，他们都开设了极具特色的版画课程。

日本更是有"版画之国"的美誉，不仅课程多姿多彩，而且教育开展方式异彩纷呈。日本极其重视版画教育，甚至将版画列为必修课程，使其成为素质教育不可或缺的一环。手脑并用，拓展思维，艺术审美，鼓励创造，这些能力都属于版画教育的辐射范围。

版画是最重要的艺术门类之一。自公元9世纪《金刚般若经》在中国发展以来，它已演变成多种形式。根据材料和印刷方法的不同，可以分为木版画、铜版画、石版画、丝网版画、纸版画等，也可以分为：凸版版画（以木版为主）、凹版版画（铜版画）、平版版画（平版版画）和孔型版画（丝网版画）等。

独幅版画：

在没有制版的情况下，在平滑的版面上绘画，然后作为成品印刷。另一种是直接在某种植物、鱼类等物体上涂色，因型直接拓印法。

拓片：

直接拓墨在覆盖于凸版版面的纸张上的一种版画形式。

简易方法：首先，把宣纸覆盖在有画面的画像砖上。其次，用包裹小米或其他谷类的纱布团在画面上敲打，直至敲打到宣纸画面具有凹凸效果。最后，再用另一只包裹小米或其他谷类的纱布团蘸着焦墨在凹凸宣纸上直接印拓墨色，作品完成。

凸版型版画：

代表性的是木版凸版版画，在印版的凸面部分接受油墨。其中，油溶性油墨印刷称为"木版印刷"或"木刻"；水溶性油墨印刷称为"水印印刷"或"水印木刻"。

还有将麻胶、石膏、石头、砖块等作为印版，还采用木版印刷，印刷方法为多种活版印刷。

凹版型版画：

受墨在版材的凹面部位，其代表铜版画。

由于制版方法不同，可分为"线刻铜版""干刻铜版""网线铜版""腐蚀铜版"等。也有锌版或其他金属版，仍采用铜版，由各种凹版印刷方法制成。

当今，利用综合材料非常广泛，还有平版型版画、孔版形版画、玻璃版画、纸板型版画等等。

木刻版画

木刻版画，是通过使用不同的刻刀，以刻、切、铲、凿、划等手段来表现艺术形象的作品形式，它是一门集绘画、刻板、印刷为一体的综合性的绘画艺术。

木刻亦称"木版画"或"木刻版画"。版画的一种。凡是在平面木板上，用各种类型的刀具，根据画稿进行刻制，刻去不必要部分成凹版，再在留下的凸版上滚以油质或涂以水性等颜料而后拓印于纸上的画面，概称"木刻"，是中外版画最早的形式。使用的木板有梨木、黄杨木、白桃木或表层细洁的三夹板、五夹板等。

木刻版画的刻制工具：

木刻版画制作方法——握刀方法。

斜口刀/平口刀/圆口刀/三角刀

木刻版画制作方法——刀痕效果。

三角刀/圆口刀/平口刀

单色版画制作过程：

起稿：

①把你想要表现的动物图案画成简要的线条稿或黑白稿。

②可以用铅笔把画直接转移到用墨涂黑的版面上，也可以把它画在复写纸上，然后复制到印版上。

③注意：版面方向和印刷出的画面恰恰相反。

刻制：

①因版上涂染墨色，所刻每一刀都会清楚地呈现刻作效果。

②雕刻时，先选用三角刀雕刻出轮廓线，而后圆刀与三角刀交替组合雕

刻，逐步雕刻出光亮的表面。

③注意：用刀时左手勿置于刀前，规避出现安全问题。

上墨：

①将墨水置于松节油中，用勺子在平底的容器上放一点，而后用油往复滚动，使墨水在油辊上沾染均匀，然后将墨水均匀地滚在版上。

②注意要使版上的所有凸起部位都沾上油墨。

磨印：

① 将纸对准版面（可用夹子来固定纸张与版的位置）。

② 用瓶盖或者木蘑菇摩擦拓印。

完成：

①研磨印刷后，局部开看，如没印清晰，可局部充墨，继续磨压直至理想效果。

②注意：在局部滚油墨过程中要谨慎小心且有耐心，保持纸张的固定位置。

完成作品装裱效果。

套色版画制作过程：

套色版画是木刻版画的一种。是两种或两种以上颜色叠加在几块板上的印刷品。

三种套色形式：

①以深色主版为主体骨干，套以相应的色彩组成画面。

②与各版块相互配合、互补、衬托，构成画面的形状和色彩，从而替代正版。

③这两种颜色混合成一幅画。

由于工具的不同，印刷材料可分为水印、油印、粉末印刷等。

环节2：技能

废料大改造：橡皮刻章图案，用橡皮章边角料创造温暖小画。

同学们，有时候从大橡皮砖上剪下来用小橡皮总会留下一些小碎块，就像剩下的多余布料做衣服一样，扔了可惜，我们用边角的材料刻了一些小图案，可以用这些图案拼凑成一幅温馨的小图，让我们一起来试试吧。

第一步：设计自己想要的草图。

第二步：将图案转至橡皮边角料上面。

第三步：雕刻橡皮，按照每一个轮廓切下来。

第四步：印制小画，将刻好的橡皮图案蘸有色彩的印台或其他水粉颜料，发挥你的想象吧！

直接法——鱼的拓法

鱼拓是一种将鱼的形象用墨汁或颜料拓印到纸上的技法和艺术。

制作工具：宣纸、墨汁、颜料、刷子等。

简易制作过程：

1. 将鱼平置于案板上，保证在拓印过程中的稳固，不发生位移。用水将鱼体表的黏液清洗干净，注意不要让鳞片发生脱落。用吸水纸巾将鱼表面水分吸收。将鱼摆好，把鱼鳍展开。

2. 在鱼身上涂染墨汁或颜料。将宣纸铺上鱼身，均匀按压，拍打或用干净的刷子刷，使得鱼身的颜料被拓印到纸上。

3. 轻轻揭开宣纸，在纸上用笔画出鱼的眼睛。

制作简单的吹塑纸版画。

创意改变生活，在这个原本朴素平凡的生活里它不仅能让每一个达人修饰更好的生活，还能使平淡如水的学习生活变得更加有趣。

吹塑纸版画：

有一种材料叫作吹塑纸版，你知道吗？如果你身边恰恰就有这种材料，只需用圆珠笔或硬器在上面稍用力刻画，即可轻易刻画出各种痕迹。做好的版滚上颜料或者油墨，覆纸在上面磨印出来的画，即吹塑纸版画。

常用的吹塑纸

工具材料：

铅笔、圆珠笔、吹塑纸版、毛笔、油画笔、油画刷大小数支、水粉颜料、调色板、夹子、素描纸、棉布一块、小水桶、手工刀等。

吹塑纸版画基本技法：

1. 画稿

设计画稿源于对生活的感受，或者内心的灵感，是生活或风景并无限定。在画稿时注意构成画面线条的疏密关系：哪部分线条最密集，哪部分线条最稀，哪部分线条不稀不密（即构成画面的黑白灰关系）。

2. 刻版

将完成的画稿铺在吹塑纸上，用圆珠笔用力刻画，由于吹塑纸质地较软，圆珠笔划成凹痕，线条密集处，用力凹下去形成凹块，线条稀疏的地方就形成灰色。

3. 印制

将水粉画颜料或者浓缩广告画颜料用胶磙在平板上来回滚动，使胶磙表面着色均匀（切忌颜料中加水过多，保持合适的浓度），礤在刻好的板子上（根据需要，可随意调整各种颜色），使吹塑纸版画着色均匀（保证吹塑纸上的色彩浓度），然后将素描纸或宣纸覆盖于吹塑纸上，轻轻用力压印，即可完成印制。

吹塑纸版画常用小技法：

1. 单色平涂法：制好版后，用毛笔或板刷在上面刷单一的水粉色，这就是单色平涂法。这种方法比较适合初学粉印吹塑纸版画的同学。

2. 分色平涂法：有单色平涂法的基础能力后，就可以进一步练习分色平涂法。分色平涂法，是将几种颜色分别涂在画面各部分来印画的方法。特点是色彩丰富、漂亮，有一定的感染力。

3. 深浅色变化法：深浅色变化法，即将两种颜色经过调配产生变化，再涂在吹塑纸版上来印画的方法。这种方法适合表现大面积的画面。

涂色时应注意：

1. 在使用黑色卡纸时，尽量选择色彩艳丽的色卡纸，少用褐色、普兰、深绿、深红等，使用深色可适当添加白粉、柠檬黄等颜料，这样色彩对比强烈醒目。

2. 涂色时，要掌握好水分，过干，会导致印不上；过湿，颜色太薄，黑色纸板显现出来，画面整体就会被打乱。

3. 涂色，需要一边涂，一边印，这样可避免颜料风干印不到纸版上的情况出现。

4. 印画纸和制好的吹塑版需要固定，避免串位，在一幅画没印完之前，不能将印纸取下。

单色版画、黑白版画简介：

单色版画、黑白版画按其制作方法与版面构成，可分为：

1. 剪贴纸版画

选择稍厚的纸张，或剪或刻，做出形象的平面轮廓，贴在另一基纸上，形成凸版，上墨或上色后，就可以拓印了。凸出部分墨色深，可印出形象块面，轮廓边缘呈白色，基纸上着墨少，形成中间色。

2. 刻纸凹印版画

选择坚实的厚纸，刷上一层较薄的硬涂料，以刀或针刻出形象的线条形成凹版，然后用棉花把油墨涂满凹线，擦拭平面上多余的油墨，用铜版机压印，制作原理与铜版画相近。

3. 刻纸凸印版画

选用较厚的纸版替代模板，刻印方法与木刻版画基本相似。注意：在纸版上切勿刻得过深。

对单色版画、黑白版画制作的理解：

用刻刀或化学腐蚀性药品等在木版、石版、麻胶版、铜版、锌版等版面上雕刻或蚀刻后印刷出来的图画。

单色版画作品黑白版画欣赏：

单色版画作品黑白版画历史的回顾：

黑白版画，有着他绘画语言无法代替的艺术特征和表现力，它是选用黑白两个最简单的颜色，来表达万物世界的一种艺术形式。鲁迅就曾经提出"木刻研究以黑白为正宗"。当然，黑白版画也有系统的创作方法和常规技巧。1931年8月17日至22日，鲁迅先生在上海举办木刻讲班，邀请日本美术教师进行授课，其中山内嘉吉主讲创作木刻的技法知识。鲁迅先生发起的中国版画运动，使得黑白木刻成为中流砥柱，在美术界大放异彩。

谈起黑白版画的创作历史，就不得不提一座城市——重庆。在20世纪六七十年代，重庆的黑白木刻与江苏水印、黑龙江油印套色，几种创作类型三足鼎立，中国的版画创作盛况空前。在重庆，涌现了一大批著名版画艺术家，如李焕民、李少言、徐匡等。

实践与探究：

上网搜集一下其他单色版画作品，选出你最喜欢的一幅。

环节3：实践

如何制作单色版画

第一步，画稿、修稿（已经提前涂好颜色，便于刻时分辨哪儿刻掉了，哪儿没刻掉）。

第二步，刻（圆口刀刻粗线，三角刀刻细线，平刀、斜刀负责大面积）。

第三步，调油墨（充分滚均匀油墨）。

第四步，上油墨（侧面观察油墨是否均匀）。

第五步，上纸压实（固定）。

第六步，压实（慢慢压实）。

第七步，用力压实。

第八步，看图说话，作品完成。

【收获与总结】

我们了解了各种各类的版画，以及其制作原理，并一步步实践，成功创作版画。除了单色版画，同学们还可以搜集套色版画原理，尝试制作套色版画，可通过小组合作完成。

【拓展与创新】

劳动不仅仅需要知识与实践，更需要审美与创新。在生活与学习中，我们还有什么地方是离不开审美与创新因素的，这对未来有又何种启迪？

【评价】

"版画"课程评价表

班级：_____ 小组：_____ 姓名：_____ 评价日期：_____

评价项目		评价内容	自评	师评	他评	家评
学习态度		对参与研究活动有强烈的热情，有认真的贡献，有积极获取相关知识和技能的能力				
组织合作		能够积极合作，与团队其他成员合作，积极交谈，提供独特的信息，协调和沟通				
工作方式		能够提前制订计划，有序有效地组织活动，遵守团队规则，能够一步一步地完成活动				
操作能力	搜集处理信息能力	能够通过互联网、图书馆等多种方式收集数据，并有效组织收集到的信息，能够从不同角度理解这项技能				
	社会调查能力	了解如何在调查过程中与他人打交道，调查表格的设计是否合理，有调查记录和调查报告				
	反思能力	在活动中，你可以以开放的心态倾听他人的评价，继续反思自己，发现问题并且可以及时解决				
	发布成果能力	能够通过并发布丰富的活动成果，比如有针对性、详细性和恰当性的文件等				
实践成效		在规定的期限内完成任务，活动记录及时、真实、完整				
		所选输出的显示可以很好地显示活动过程和收获，活动质量高，有创新				

评价说明：根据各个评价维度，四个不同主体（学生、老师、同学、家长）分别对学生进行评价，分为"优秀""良好""尚可""努力"四个层次。

【其他感想】

_____

_____

_____

_____

_____

第二节 剪 纸

【课前思考】

剪纸又叫刻纸，是中国最古老的民间艺术之一，在视觉上给人以祥瑞喜庆的感受。剪纸所用的材料是五彩缤纷的纸张、金银箔、树叶、布料、皮革等。2006年5月20日，剪纸这项艺术遗产经国务院核准列入第一批国家级《非物质文化遗产名录》。

剪纸作为古老的民间艺术，可以有效地对中小学学生进行美育教育。剪纸活动可以启迪孩子们的智力，开发孩子们的思维活动能力，增加孩子们的动手能力，激发孩子们的审美情趣。一张张五颜六色的纸张、一把剪刀，就可以生动形象地表现千变万化的自然景象、艺术形态，随心所欲地表达我们内心世界的对美的追求。

现在，请同学们思考，传统手艺对个人生活、对社会发展、对未来创新，有着怎么样的联系？

【实践与研究】

环节1：认识剪纸

剪纸，又叫刻纸，是一种镂空艺术。是中国最古老的民间艺术之一。其在视觉上给人以透空的感觉和艺术享受。剪纸的载体可以是纸张、金银箔、树皮、树叶、布、皮革。剪纸艺术是汉族传统的民间工艺，它源远流长，经久不衰，是中国民间艺术中的瑰宝，已成为世界艺术宝库中的一种珍藏。

艺术历史

剪纸的历史源远流长，早在商周时期出现的金箔图样，相传就是剪纸艺术的雏形，到了春秋时期，人们用贴花装饰美化生活。汉代造纸术和剪子的出现更推进了民间剪纸广泛流传。最为盛行的剪纸题材是用于婚嫁节庆的吉祥图案，分为圆形、方形、菱花形、桃形、石榴形等，主题花型嵌以人物、花卉、龙凤及吉祥文字，极力烘托喜庆的气氛。例如莲花和鲤鱼的剪纸寓意连年有余，桃子象征长寿，石榴象征多子，鸳鸯象征爱情，松树象征青春不老，牡丹象征富贵，喜鹊登梅象征喜事临门等。总之，这类题材的寓意可以归纳为四种生活理想：富贵满堂、福禄寿喜、五子登科、连生贵子。

艺术作品

表现形式

（一）阳刻：以线为主，把造型的线留住，其他部分剪去，并且线线相连，还要把形留住，开以外的剪去，称为正形。

（二）阴刻：以块为主，把图形的线剪去，线线相断，并且把形剪空，称为负形。

（三）阴阳刻：阳刻与阴刻的结合。

（四）剪影：整体刻画，只剪形体的外轮廓。

环节2：折叠剪纸——剪团花

1.折纸

2.放置

3. 设计图案

4. 剪掉阴影部分

5. 展开

6.制作"边角花"

环节3：剪"囍"字

1.折纸

2.放置

3. 设计画图

4. 剪阴影部分

5. 展开

6. 制作"边角花"

环节4：作品展示

【收获与总结】

剪纸是中国最古老的民间艺术之一。在视觉上给人以透空的感觉和艺术享受，其载体可以是纸张、金银箔、树皮、树叶、布、皮革。这种民间工艺，它源远流长，经久不衰，是中国民间艺术中的瑰宝，更从艺术的角度展现了中国劳动人民的奋斗精神。如今，我们掌握这门传统技艺，既是对优良传统艺术的传承，也是秉承新时代劳动精神。

【拓展与创新】

在如今高速发展的互联网时代，以产品为核心的艺术与设计似乎与传统艺术差别甚大，在另一方面，"古风""国风"的审美趋势又迅速抬头，我们如何发挥劳动精神，将传统与未来相结合，走出一条科技与人文共生之路，是非常值得思考的重要问题。

【评价】

"剪纸"课程评价表

班级：_____   小组：_____   姓名：_____   评价日期：_____

评价项目	评价内容	自评	师评	他评	家评
学习态度	对参与研究活动有强烈的热情，有认真的贡献，有积极获取相关知识和技能的能力				
组织合作	能够积极合作，与团队其他成员合作，积极交谈，提供独特的信息，协调和沟通				

评价项目		评价内容	自评	师评	他评	家评
工作方式		能够提前制定计划，有序有效地组织活动，遵守团队规则，能够一步一步地完成活动				
操作能力	搜集处理信息能力	能够通过互联网、图书馆等多种方式收集数据，并有效组织收集到的信息，能够从不同角度理解这项技能				
	社会调查能力	了解如何在调查过程中与他人打交道，调查表格的设计是否合理，有调查记录和调查报告				
	反思能力	在活动中，你可以以开放的心态倾听他人的评价，继续反思自己，发现问题并且可以及时解决				
	发布成果能力	能够通过并发布丰富的活动成果，比如有针对性、详细性和恰当性的文件等				
实践成效		在规定的期限内完成任务，活动记录及时、真实、完整				
		所输出的内容，可以很好地显示活动的过程和收获，而且显示的活动品质高，有创新				

评价说明：根据各个评价维度，四个不同主体（学生、老师、同学、家长）分别对学生进行评价，分为"优秀""良好""尚可""努力"四个层次。

【其他感想】

_____

_____

_____

_____

_____

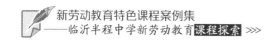

第三节　园　艺

【课前思考】

现代社会生活的节奏快，人们紧张而忙碌，常常需要一个释放压力、平静心灵的空间，对自然的向往，便使人们对家居环境布置提出了更高的要求。家庭园艺是一种很好的修身养性、怡情娱乐、美化生活、装饰环境的艺术活动。时尚、自然、环保、健康成为当下人们对花卉绿植追求的理念。

花草或艳丽或素雅，能带给人享受。浪漫的玫瑰、缤纷的月季、清雅的兰花、高雅的牡丹、宁静的百合……用它们装点我们的庭院、居室或阳台，可以为生活注入生机与活力，使人心情愉快、轻松舒适。

淡泊宁静、劳逸结合、有张有弛，不仅是慢生活的真谛，这也是园林园艺的精髓和灵魂，让香花异卉为生活盛情绽放，营造回归自然、轻松优雅的意境，丰富生活情趣和质量，我们的生活才能更接近幸福的境地。

【实践与研究】

环节1：容器与栽培

1.土壤

土壤的要求：

土质松软、空气流通，能满足根系呼吸的需要。

能固持水分和养分，不断供应花卉生长发育的需要。

水分渗透性能良好，不会积水。

酸碱度、EC值适宜。

不允许有害微生物和其他有害物质的滋生和混入。

2.常见培养土的种类

腐叶土

秋冬季节可就地取材，收集阔叶树的落叶(以杨、柳、榆、槐等容易腐烂的落叶为好)，与园土混合堆放1～2年，待落叶充分腐烂即可过筛使用。一般腐叶土为优良的盆栽用土，还可与其他基质混合使用。适于用作播种、移栽小苗和栽培多种常见花卉。

塘泥

又称河泥，为河底池塘的沉积土，富含有机质，黑色，中性或微碱性。一般在秋冬季节捞取池塘或湖泊中的淤泥，经晾晒、冰冻风化后，可为水生花卉的最佳培养土。晒干粉碎后与粗沙、谷壳灰或其他轻质疏松的土壤混合，可用于观叶花卉的栽植。

草皮土

在天然牧场或草地，挖取表层10cm的草皮，层层堆积，经一年或更长时间的腐熟，过筛清除石块、草根等而成。草皮土的养分充足，呈弱酸性反应，可栽植月季石竹、大理花等。

3.国外标准培养基质：

（1）种苗和扦插基质。壤土：泥炭：沙=2：1：1

（2）杜鹃类盆栽基质。壤土：泥炭（腐叶）：沙=1：3：1

（3）荷兰常用盆栽基质。腐叶土：黑色腐叶土：河沙=10：10：1

（4）英国常用基质。腐叶土：细沙=3：1

（5）美国常用基质。腐叶土：小粒珍珠岩：中粒珍珠岩=2：1：1

4.花盆

花盆的类型

①素烧盆（泥瓦盆）：由泥沙和黏土烧制而成，表面粗糙、不美观，但价格低廉，排水透气好，适应花卉的生长。

②陶瓷盆：由黏土或高岭土烧制而成，色彩艳丽、外观美，但不透水气，不太适应花卉的生长，可套在泥瓦盆的外侧作为装饰。

③彩釉缸：质地牢固、笨重、体积大，外有图案，但不透水气，不太适应花卉的生长，可套在泥瓦盆的外侧作为装饰。

④塑料盆：盆轻、价廉，但不透水气，不太适应花卉的生长，可作为短期生长用。

⑤玻璃盆：多作插花摆设、无土栽培等展示用途，一般没有排水孔。

环节2：选择与摆放

1.家庭园艺必知的原则

家庭园艺的基本原则主要有三条，即科学性原则、艺术性原则和文化性原则。我们认识了解这些原则，对于日常生活中家庭园艺的合理设计，摆放有一定的指导意义。

2.适合室内装饰的植物

（1）在日常生活中养一盆仙人掌是很多懒人的选择，既不用浇水、施肥，又不用担心病虫害。

（2）根系浅小，如凤尾竹、非洲堇、虎耳草、球根花卉、仙人掌科植物等。

（3）能驱蚊虫的植物，如蚊净香草、除虫菊。

3.家庭园艺的艺术性原则

（1）色彩谐调

如果室内色彩以暖色调为主，那么适宜选择冷色调的花卉绿植，既谐调，又能形成一定的反差对比来突出花卉绿植的美感。如果室内空间大，且采光良好，那么宜选用暖色调的花卉绿植，反之则不然。

玫红色的蝴蝶兰使家居色彩谐调。

（2）对称均衡

对称指中轴的左右两侧对等，在中式的家居和西式的家居风格中，对称摆放植物是很常见的布置手法。对称、均衡的植物布置能让人感觉端庄、风雅，同时动静结合。

4.家庭园艺的文化性原则

（1）格调

不同的居室通过不同的植物摆放能彰显出不同的格调，一般来说，客厅比较华丽，卧室比较安逸，书房比较具有文化气息，卫浴厨房则要求简单明快;同时不同年龄段的人喜欢的风格也不同，年轻人家居可以前卫时髦，儿童则以卡通为主，老年人居室宜朴实、沉稳。（如图）

环节3：绿萝实战

1.绿萝简介

①天南星科常绿草质藤本植物；

②栽培最为普遍、管理最为粗犷简单的室内观赏植物之一；

③能净化空气，吸收室内装修产生的有毒气体。

绿萝是一种非常适合扦插繁殖的植物，其实在整个操作中，最难得的是如何修剪绿萝的插条。

2.将绿萝剪断的土插法

（1）准备材料

首先是土壤，最好是沙壤土，透气性、透水性都要强，也可以自己配制营养土，最常见的是用腐叶土、泥炭土以及珍珠岩混合配制，土多珍珠岩少，然后就可以装在花盆中，最好能够使用多菌灵消一下毒，降低扦插烂根的概率。

（2）剪断枝条

如何修剪枝条，是扦插过程中最需要技巧的，水培和土培。首先从母株上修剪一段比较长的绿萝枝条，然后分成很多段可以扦插的插穗。为了更好地生根以及生长，需要插穗上留下一片叶子，然后每一段插穗上要有一个生长芽点。也就是每一段枝条上有一片叶子以及一个芽点。

（3）扦插入土

扦插时用绕圈竖插的方法，叶片要朝向花盆外面，由内向外一圈圈地插，插满之后抓一把土薄薄地撒上一层，再喷一些水就行了。

以上就是绿萝扦插剪断图解了，方法要比土培简单省事很多，只需要一个瓶子以及充足的水就够了，想要水培的花友可以了解了解，同样也是图解一看就会明白的。

3.绿萝水插繁殖方法

（1）准备材料

想用水插法扦插绿萝的话，就需要一个塑料瓶或者花瓶就够了。水培的绿萝其实更容易生根，长得也很快，但论生存稳定来说，还是比不上土插法。水质的话，最好选择自来水或者纯净水，发根期间不要用营养液或者肥料。

（2）剪断枝条

水培扦插和土培修剪枝条的方法是不一样的，需要选择健康且带有气根的枝条，图上红框框中的就是气根，每段长度最好在15～30厘米，这样的长度是为了方便管理，最后将枝条下面的叶子全部都去掉，以免水插的时候泡在水中。

（3）扦插入水

将修建好的绿萝枝条插入准备好的花瓶中，要注意的是枝条底部的叶子不要沾水也不能没入水中，否则在一段时间后就会腐烂掉，会污染水质的。在还未生根的时候，需要2～3天换一次水，顺便将没入水中的根茎清洗一下，防止烂根。

（4）生根养护

在插条生根之后，就可以施加一些营养液或者生长素之类的肥料了，这样可提高水培绿萝的生长速度。生根之后可以一星期换一次水，长出新叶子之后，可以每半个月左右添加一次营养液，也可以向叶面喷洒稀释的营养液。

【收获与总结】

通过课程，同学们对家庭园艺有了更深入的了解，园艺植物的各类知识愈加丰富。家庭园艺，不仅能够美化我们的家，更能美化我们的心灵。希望同学们能够在本门课程的学习中，充分享受家庭园艺的乐趣。

【拓展与创新】

劳动精神主张用自己的双手体验生活，并且以自己对生活的理解和感悟去创造自己的个性生活空间，更好地去感受生活、实践生活、创造生活、享受生活。

现在，让我们思考园艺所蕴含的劳动精神，如何应用到现实生活与学习中？

【评价】

"园艺"课程评价表

班级：_____   小组：_____   姓名：_____   评价日期：_____

评价项目		评价内容	自评	师评	他评	家评
学习态度		对参与研究活动有强烈的热情，有认真的贡献，有积极获取相关知识和技能的能力				
组织合作		能够积极合作，与团队其他成员合作，积极交谈，提供独特的信息，协调和沟通				
工作方式		能够提前制订计划，有序有效地组织活动，遵守团队规则，能够一步一步地完成活动				
操作能力	搜集处理信息能力	能够通过互联网、图书馆等多种方式收集数据，并有效组织收集到的信息，能够从不同角度理解这项技能				
	社会调查能力	了解如何在调查过程中与他人打交道，调查表格的设计是否合理，有调查记录和调查报告				
	反思能力	在活动中，你可以以开放的心态倾听他人的评价，继续反思自己，发现问题并且可以及时解决				
	发布成果能力	能够通过并发布丰富的活动成果，比如有针对性、详细性和恰当性的文件等				
实践成效		在规定的期限内完成任务，活动记录及时、真实、完整				
		所输出的内容，可以很好地显示活动的过程和收获，而且显示的活动品质高，有创新				

评价说明：根据各个评价维度，四个不同主体（学生、老师、同学、家长）分别对学生进行评价，分为"优秀""良好""尚可""努力"四个层次。

【其他感想】

_____

_____

_____

_____

_____

第四节 篆 刻

【课前思考】

篆刻作为中国传统的一种艺术形式，在传统文化中蕴含着许多元素，如书画、文学等，它不仅是一门古老的艺术，而且是一种特殊的艺术技能。篆刻艺术有着悠久的历史和深刻的内涵等优点，一直受到教育艺术界的广泛重视。我国在探索中小学特色教育道路指导下，中小学阶段将会开设篆刻课程，让学生了解我国传统文化艺术篆刻的发展状况，这是学校进行传统文化教育的趋势，也是学生传承与发扬传统文化的重要途径。

【实践与研究】

环节1：刀法

1. 执刀法

执刀的方法主要是根据刀具的大小、材料和物体的雕刻而不同。

五指执刀法

采用此方法，拇指、食指和中指分别在刀体的左右两侧分别夹住刀体，无名指和小指辅助刀背，指实掌控。五指执刀法常用于三、四厘米以下的中小型雕刻。

2.握刀法

握刀法通常是用于比较大的印石，刀身较厚，受力较重。五指紧握住刀，像握拳一样，刀在掌心，刀的方向一般是由外向内，刀身向外倾斜。

3.运刀法

由于用刀的方向、角度和着力，以及印石的材质，线条的曲直等因素，因此产生出很多不同的刀法。从实践上看，运刀的方法通常分为冲刀和切刀两类。

4.冲刀法

冲刀法是刻印刀法其中的一种，刀刃在印面上刻线的方式是冲走运作。用冲刀法刻印，犹如笔临纸上行走，这里需要掌握好起刀、行刀和收刀各自的方法。

入刀时要从右向左用刀的外角开始刻入印面。刀柄与印面保持35度左右的倾斜。若角度太小，刀身的侧面会对印面产生摩擦；若角度太大，刀刃与印面趋向平行，难以发挥作用。刀刃入石深浅要适度，速度要适当。右手无名指靠在印石的右侧，以控制刀的方向和冲击。收刀时要减速，要及时停留，刀刃不可尖出，避免锋芒毕露。

5.切刀法

切刀法是指将刀刃奏石后，刻出具有波势的线条。

入刀时，手握刀身并与印石表面呈现出45度左右的角，用外部刀角刻入石。行刀时，将刀柄从右到左竖起切按，让切割点延伸，然后恢复刀柄，刀刃向前推进后作点刻。收刀时以点刻结束。

环节2：刻白、朱文

1.刻白文

白文是刻去印文的笔画，白文笔画一般采用单刀或双刀的方法。白文单刀法，是指一笔一划的行刻。行刀时要中正、稳健。白文双刀法，就是两次反复刻出凹形的线条。当启动刀时，从右到左，沿着篆文线条的内侧用刀刻去线条的一边，然后将印章材料转到180度，之后从右到左沿线条内侧刻第二刀。

2.刻朱文

朱文就是刻去除印文的笔画的其他部分，只保留笔顺。朱文线条是按照两边的印文线条，重复两次完成雕刻。雕刻朱文的方法与白文的双刀法有些相似，都是用双刀雕刻完成，但是刻白文在线内相向用刀，刻朱文在线外相背用刀。不能用一刀刻出朱文线，必须用双刀雕刻。

环节3：临摹

我们可以根据摹写的环节、写法和要求的不同，可分为摹描、摹写和临写。

1.摹描

摹描，是用一种比较透明的纸张覆在需要摹临的印蜕上，用细毛笔蘸着浓墨根据样子来描摹，印蜕上红色换成墨，让红色为黑色，白色留空白。摹成后，取出纸张，放在印蜕的一侧，进行对比，仔细核对，若与原样有差异，再仔细修改，直至与原印蜕相同。

根据印蜕的要求，按照朱、白、粗、细和不同的用途，也可以分为几种详细的摹描法：

（1）双勾细描。

（2）双勾填廓。

（3）单线勾描。

2.摹写

摹写是摹描的进一步理解，是摹描的辅助手段，是以加深对临摹对象地理解为目的，铭记于心，为之后的创作和使用到临摹打下良好的基础。

摹写的方法是用比较透明的纸，放在印蜕上，无论是白文还是朱文，线条粗细，都是以一笔摹写而成。如果笔画与原来的不同，可以与原印蜕进行比较，逐笔修改，直至相似为止。

3.临写

在摹描的基础上我们可以多加练习，也就是临写。摹是根据原稿来照葫芦画瓢，临就是把纸放在印的旁边，检查印蜕，了解结构、整理笔画和线条粗细，然后根据样品临写。临写时逐笔逐画，不可修改。

环节4：渡稿

以上所述的摹描、摹写和临写都是在纸上进行的作业。我们摹写而成的印稿需要转移在印石上，这个过程就是渡印稿，是为了在印石上摹刻，其方法有三种：

1.水印上石法。

2.反书上石法。

3.以刀画线示意法。

这种方法不在印面使用原稿，而是在印面涂上黑色油墨，干燥后用刻刀在油墨表面上按照印稿部位画几条定位示意线，或者画字的轮廓中心线，之后加宽临刻时的线条，最终达到与印稿相同的效果，如粗细、方圆等。

环节5：临刻

将印稿临在石上之后，便可以临刻。在临刻过程中应注意"宁使刀不足，莫使刀有余"，防止失误。临刻时光线要充足，以保护视力，集中精力，不受外界干扰。

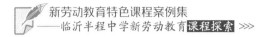
环节6：钤印与修改

1.钤印

篆刻艺术的一个重要表现就是钤印，它和印泥的材质有着密不可分的关系。只要多在钤印过程中不断地总结经验，不断完善，就能掌握要领。

2.修改

在临印或雕刻过程中，为了使临刻的印章与原印相似，或更完善，往往伴随着修改。开始临刻时总是会较为粗糙，为了与原作相似，修改是必然，同时也是为了追求镌刻时所达不到的刻刀效果。

环节7：收拾

1.印角收拾。

2.印边收拾。

3.印底收拾。

环节8：篆刻

1.印文排列

印文排列，是根据印的形状来将印文组合成一个整体的方法。

平整规矩

错杂放纵

2.经营虚实

虚实，指印章中的笔画之间的空隙，也就是"分朱布白"。经营虚实是一种处理印文笔画间隙关系的方法，可以调节复杂简单的印文，使整体产生不同的美感。

（1）匀称。

（2）对比。

（3）对称。

（4）呼应。

3. 整体完善

经营虚实安排完成后，布局并没有结束，还要采取各种方法解决局部与局部、局部与整体的矛盾，使各方面力求统一完美，获得整体美感。

（1）协调。

印文的字体相一致，书写的意态要相一致，笔画的风格相一致，印文与印边的风格也要一致。

（2）求异。

一方印中，叠字和相连的二字相同部首或者在不同的地方或者相邻处的相同的字，要有所改变以产生不同、达到求异。

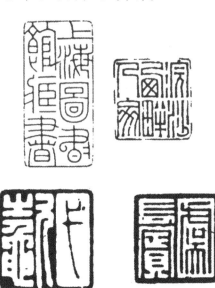

（3）相间。

在朱白文相间的印章中，朱文笔画的间隙应与白文笔画的粗细程度相似，白文笔画的间隙要与朱文笔画粗细程度接近。

边栏就是指印章的印边与栏格。印文该如何布局和怎样操作虚实都会受到它的影响。因为印边和栏格的形式各异，所以边栏与印章布局艺术息息相关。

朱文印的边和文的粗细一致，目的是减少矛盾。

白文印边的粗细程度类似于印文结构的间隙，它的布局有一种文雅和谐的情趣。

纹饰边：印文的周边装饰图案，使印章的边缘美观。

栏格：可以使印章的布局整齐重心平稳，表现出庄重的效果。

【收获与总结】

篆刻艺术的知识与技能，以及篆刻作品的创作和欣赏，让我们了解篆刻

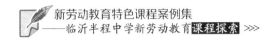

艺术对传统文化教育的意义，培养个人素质，强化了劳动观念，能够珍惜自己和别人的劳动果实。

【拓展与创新】

篆刻艺术教学课程，让我们对艺术知识和技能有了初步了解，也让我们更了解生活，对人生感悟，并在艺术中提高人格修养。篆刻不仅提高了我们的艺术审美与技能，还让我们的毅力、耐心程度，逻辑思维水平都有显著提高。

同时，我们仍需思考，传统篆刻的技艺，在现代条件下，都有哪种发展，我们如何看待这些发展？

【评价】

"篆刻"课程评价表

班级：_____　　小组：_____　　姓名：_____　　评价日期：_____

评价项目		评价内容	自评	师评	他评	家评
学习态度		对参与研究活动有强烈的热情，有认真的贡献，有积极获取相关知识和技能的能力				
组织合作		能够积极合作，与团队其他成员合作，积极交谈，提供独特的信息，协调和沟通				
工作方式		能够提前制订计划，有序有效地组织活动，遵守团队规则，能够一步一步地完成活动				
操作能力	搜集处理信息能力	能够通过互联网、图书馆等多种方式收集数据，并有效组织收集到的信息，能够从不同角度理解这项技能				
	社会调查能力	了解如何在调查过程中与他人打交道，调查表格的设计是否合理，有调查记录和调查报告				
	反思能力	在活动中，你可以以开放的心态倾听他人的评价，继续反思自己，发现问题并且可以及时解决				
	发布成果能力	能够通过并发布丰富的活动成果，比如有针对性、详细性和恰当性的文件等				
实践成效		在规定的期限内完成任务，活动记录及时、真实、完整				
		所输出的内容，可以很好地显示活动的过程和收获，而且显示的活动品质高，有创新				

评价说明：根据各个评价维度，四个不同主体（学生、老师、同学、家长）分别对学生进行评价，分为"优秀""良好""尚可""努力"四个层次。

【其他感想】

_____

_____

_____

_____

第五节　扎　染

【课前思考】

扎染艺术是一种古老的民间艺术。在初中综合实践活动课中引入民间扎染艺术，可以锻炼学生的观察能力，丰富学生的想象力，提高学生的综合实践能力和培养学生的创新精神。因而能使学生的美术素养与审美情趣得到有效地提高，使优秀的民间艺术被当代中学生所了解，让学生们将其继承和发扬下去。在教学中，让学生尝试用简单材料（纯棉白布），用线绳把折叠后的白布扎紧，然后放到染色剂里去染，再把布展平，熨烫后就成了扎染作品，进而感受染白布的天然合成之美。

【实践与研究】

环节1：图案设计与工具的准备

扎染图案的设计

扎染艺术是一种极具有创造性和十分有趣的手工工艺，在制作之前必须预先构思和设计。首先要考虑使用者的爱好和要求，然后根据面料的质地和大小，再设计花纹的样式和在面料上的布局安排。扎染分为几何图案（如散乱的点、圆形、钻石菱形、戒指环状形等）、特殊形状的图案（如树叶图案、波浪图案等）和具体形象图案。

扎染形成的图案可以在各种地方取材，比如有的是苍山彩云，有的是洱海浪花，有的是塔影蝴蝶影，有的是神话传说，有的是民族风情，有的是花、鸟、鱼、虫，精彩纷呈。但是因为扎染技术有一定的偶然性，所以图案的选择不应该太具体和精细。在浸泡的过程中，因为图案的边界被蓝色的靛蓝溶液所渗透，图案产生自然的晕线，绿中带翠，薄如烟云，轻如蝉翼，若隐若现，有一种回归自然的拙趣。

环节2：材料准备

1.染织物：主要有棉布、丝绸以及毛、麻等天然织物。较薄的织物易于染色，染出的图案较细腻、清晰。

2.针和线：针用普通的缝衣针即可。线是捆绑织物的防染材料，所以要求结实不易拉断，可以是棉纱线、涤纶线、橡皮筋等。

3.染料：主要是直接染料，既方便又经济。在市场的化工商店一般有售。

4.染色用具：染锅、加热炉、搅拌棍、水桶、胶手套、剪刀等。

环节3：扎染扎制的基本方法

扎染扎制的技法有很多种，大致可分为捆扎、缝绞和夹扎三大类，其中每大类又有不同的变化，此外还有三种扎法的综合应用及一些自由的扎法。

为保证扎染制作过程中染色均匀，需对织物进行染前处理。因为织物上常带有浆料、助剂及一定成分的天然杂质。

染前处理有：

1. 退浆

目的是除支浆料，可用碱液、氧化剂、淀粉酶等药剂加水沸煮布料退浆。用量：药剂为布重的3%，水为布重的30倍左右。

2. 精炼

目的是除去纤维上的天然杂质及残留浆料，并用烧碱加水沸煮。用量：烧碱为布重的3%，水为布重的30倍左右。

3. 漂白

用于除去色素及残留杂质，常用次氯酸钠或氧化氢加水沸煮。用量：漂白剂为布重的3%，水为布重的30倍左右。另外，丝绸的染前处理是用皂液加碳酸钠加水煮精炼。

4. 熨平待用

用电熨斗将漂洗过的布熨平以备描绘图案及捆扎用。

环节4：扎制的基本方法

1.捆扎法

捆扎法是将织物按照预先的设想，或揪起一点，或顺成长条，或做各种折叠处理后，用棉线或麻绳捆扎。

圆形扎法：将织物揪起一点，用线绳扎紧，可扎成同样大小的花纹，也可由小到大排列。这是一种简单的方法，可制作窗帘或裙料。

2.折叠扎法

是扎染中应用最广泛的技法，对折后的织物捆扎染色后成为对称的单独图案纹样；一反一正多次折叠后可制成二方连续图案纹样。

3.平针缝绞法

平针缝绞法可形成线状纹样，可组成条纹，也可制作花形、叶形。用大针穿线，沿设计好的图案在织物上均匀平缝后拉紧。这是一种方便自由的方法，可充分表现设计者的创作意图。

4.卷针缝绞法

利用针与布的卷缝可得到斜线的点状纹样。

5.打结扎法

打结扎法是将织物作对角、折叠、不同方式折曲后自身打结抽紧，具有阻断染液渗入的作用。打结的方式：四角打结、斜打结、任意部位打结等。

6.夹扎法

夹扎法是利用圆形、三角形、六边形木板或竹片、竹夹、竹棍将折叠后的织物夹住，然后用绳捆紧形成防染，夹板之间的织物产生硬直的"冰纹"效果，与折叠扎法相比，黑白效果更分明，且有丰富的色晕。

环节5：扎染扎制的基本方法

1.折叠夹扎法

用屏风式折叠法折叠织物，用条状木板夹住织物的两面，木条两头用线扎紧，可做成连续图案。

2.包豆子花

将扎染面料中包入豆子、硬币或小石子等不会被染也不会被破坏的小物体，再如同自由塔形一样把其扎紧。

3.卷扎法

准备粗笔杆、筷子、不锈钢管等光滑圆棍，将织物卷在圆棍上，注意不要太厚。然后将织物用力向之间挤压，用线扎紧，可染出漂亮的微波纹。

4.综合扎法

将捆扎、打结扎、缝绞、夹板等多种技巧综合应用，不同的组合可得到丰富多彩的效果。

5.任意皱折法

任意皱折法又称大理石花纹的制作，是将织物做任意皱折后捆紧、染色；再捆扎一次再染色（或做由浅至深的多次捆扎染色），即可产生似大理石纹理般的效果。

环节6：多色扎染

在单一颜色扎染的前提下，再经过一次或多次的套染。具体的方法是以浅色作为第一次单色浸染，染后取出，在清水中洗去浮色，在不拆开原扎结部位的情况下，根据事先设计好的图案和色彩的分布，可用线绳重新扩大扎结，也可以用塑料袋等防染材料，将有关部分进行包封扎结，再第二次浸染较深色。也可以拆去最初部分的扎结，进行再一次浸染。如需要染第三种色，可按上述方法重复进行。

但由于工艺限制，染色时间不宜过长，颜色不太多，多色扎染由于颜色交错晕染，变化微妙，两三种颜色可以染出多种颜色。例如，染完了黄色再染蓝色，黄与蓝之间就会出现绿色，成为绚丽多彩的扎染制品。

环节7：扎染的煮染及后期处理

扎染的浸染法介绍：

将织物浸泡在配制好的染液中一定时间，染色后用水冲洗，解开并熨烫。常用的nafto（纳夫托）染料和活性染料。

纳夫托染料及使用方法

工艺程序：溶解色酚→织物打底→晾水备用→配显色剂→放入织物→显色→配碱液→碱洗→冲洗晾干

使用方法

（1）配制色酚打底液。

打底液处方：

色酚AS	10～15克
太古油	15毫升
36Be 烧碱	15～18毫升
加水合成	1升

将色酚和太古油混合，搅拌成浆料，加入烧碱，搅拌；加入沸水，调节到规定的液体体积，液体应为酱油色是合适的。

（2）打底。

将布浸泡在基础溶液中15分钟，取出并干燥至避雨处，不要滴水。

（3）显色剂的配制。

取色盐VB蓝10克，加入40℃～50℃的温水800毫升搅匀，待用。

（4）染色。

将打过底的织物浸入显色剂中翻动使其均匀着色，约15分钟后取出。

（5）碱洗。

将染色织物浸入碱液中约2分钟，用热水漂洗，然后用冷水漂洗至干。碱洗的目的是洗去底部液体留在织物上的黄色，使白色空间干净。

碱液处方	
36Be 烧碱	10毫升
加水合成	1升

收获与总结：

学完本节你了解到了什么内容，和家长同学说一说吧！

环节8：扎染的煮染法

一、煮染法的介绍

将织物放入染色锅内，煮沸，达到高温染色的效果。最常用的是酸性染料的直接染料。水溶性直接染料，适用于棉、麻、人造丝、丝的染色。酸性染料色泽鲜艳，易拼色，是染料动物纤维的最佳选择。

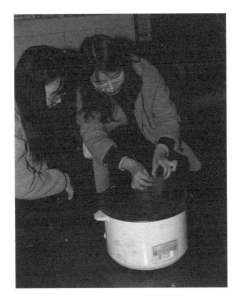

二、直接染料及使用方法

（1）工艺程序：溶解染料→放入织物→煮染30分钟→冲洗晾干。

（2）使用方法：备好染料及助剂纯碱，也可用食盐代替。

染料和助剂的量由布料的重量决定，即染料为布料重量的3%，助染剂为1.5%（10%盐），水为布料重量的20～30倍。

用少量沸水溶解染料和助染剂，然后加入所需的量，容器中溶解染料搪瓷制品是合适的，并加热；水量直接影响染色的浓度，但不影响织物的色牢度。

将织物浸入染液中，用竹棍搅动，使其着色均匀，连续沸煮约30分钟后，冲洗并解结，最后烫平晾干。

收获与总结：

掌握扎染直接染料及使用方法，了解不同染料的性质。

环节9：扎染的蒸染法

1.扎染的蒸染法介绍

将织物浸泡并在染料溶液中染色，然后在锅里蒸一段时间。缩聚染料是一种新型的临时染料，它不仅能染棉、麻等纤维织物，还能染羊毛、蚕丝等动物纤维。

2.缩聚染料及使用方法

（1）工艺程序：将染料溶解在温水中→在织物中染色→用吹风机干燥→蒸汽6～7分钟→水洗涤，肥皂洗涤，水洗涤→干燥。

（2）使用方法：

备染料、助剂（尿素）、固色剂（硫脲）、小苏打。

染料与温水混合，加入尿素和硫脲搅拌，加入温水至规定量。将布料浸泡约30秒，翻转使其颜色均匀。

取出，用热风机吹干，蒸6～7分钟(或浸入硫化碱固色溶液固色)；水洗，皂洗，熨。

环节10：学生作品

【收获与总结】

扎染是中国一种传统而独特的染色工艺，我们学习这种自古至今的传承技艺，并掌握其中环节，完成作品。在这其中，我们体会到了劳动改变生活的发展脚步，如今的生活并非一蹴而就，而是通过人类的不断奋斗与历史的不断发展才有今天的生活方式。

【拓展与创新】

扎染古老的记忆传承，及至今日，从生活走到艺术，又从艺术回归到生活，劳动与创新在这其中充当着关键角色。现在，请同学们思考，如何提高我们的扎染技能，扎染又与我们日常生活有着怎样的密切关系。

【评价】

"扎染"课程评价表

班级：_____ 小组：_____ 姓名：_____ 评价日期：_____

评价项目		评价内容	自评	师评	他评	家评
学习态度		对参与研究活动有强烈的热情，有认真的贡献，有积极获取相关知识和技能的能力				
组织合作		能够积极合作，与团队其他成员合作，积极交谈，提供独特的信息，协调和沟通				
工作方式		能够提前制订计划，有序有效地组织活动，遵守团队规则，能够一步一步地完成活动				
操作能力	搜集处理信息能力	能够通过互联网、图书馆等多种方式收集数据，并有效组织收集到的信息，能够从不同角度理解这项技能				
	社会调查能力	了解如何在调查过程中与他人打交道，调查表格的设计是否合理，有调查记录和调查报告				
	反思能力	在活动中你可以以开放的心态倾听他人的评价，继续反思自己，发现问题并且可以及时解决				
	发布成果能力	能够通过并发布丰富的活动成果，比如有针对性、详细性和恰当性的文件等				
实践成效		在规定的期限内完成任务，活动记录及时、真实、完整				
		所输出的内容，可以很好地显示活动的过程和收获，而且显示的活动品质高，有创新				

评价说明：根据各个评价维度，四个不同主体（学生、老师、同学、家长）分别对学生进行评价，分为"优秀""良好""尚可""努力"四个层次。

【其他感想】

_____

_____

_____

_____

_____

第五章

走进劳动，走向未来

章节引导：新劳动教育如何走向未来

能力指向

未来人才的基础语言能力。

重点能力

以劳增智：数学逻辑能力。

以劳育美：审美能力。

以劳强体：毅力与行动。

第一节　App开发

【课前思考】

智能手机技术的迅速发展，适用于各行各业的App如雨后春笋一般快速出现。App的出现与使用便捷了每个人的生活，我们习惯用手机自拍，用手机支付，用手机订机票，App开发与使用也让每个企业都开始了移动信息化进程。

安装在智能手机、平板电脑中的应用程序称之为App。类型包括：即时通信、电子支付、音乐视频、道路交通、旅游出行、电子邮箱等大类，涵盖了工作生活的方方面面，比如常见的微信、支付宝。

身为年轻一代，我们如何参与到这场科技大潮之中，让我们成为科技创造的一分子？

【实践与研究】

环节1：辨别方向

学校组织郊游，请同学们设计一个指南针，帮助我们在野外郊游不会迷失方向。

1.界面设计

本次设计的指南针用到组件：

画布组件

精灵组件

方向传感器

按照下图布局排列：

图6-1

2.编程设计

编程逻辑：

当方向传感器方向改变时执行

设精灵的方向为方位角

代码块如下：

3.测试

用AI伴侣进行测试：

用手机打开wifi

运行手机AI伴侣

扫描二维码按钮

环节2：点名神器

请同学们设计一个"点名神器"，帮助老师上课提问时点名。

1.界面设计

本次设计的"点名神器"用到组件：

按钮

音效

文本语音转换器

加速度传感器

按照下图布局排列：

图6-2

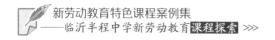

2.编程设计

编程逻辑：

当按钮点名被点击执行

设置按钮学号显示文本为随机整数为1到42

调用音效震动毫秒数500

调用文本语音转换器念读文本消息，按钮学号显示文本

代码块如下：

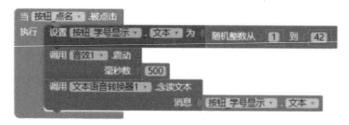

3.测试

尝试用模拟器调试程序

环节4：帮助决策

同学小华不擅长英语，每次做英语练习题都会犹豫不决，请设计一个App，帮助他决策。

1.界面设计

本次设计的"帮助决策"用到组件：

按钮

组件要求：

字号16.0

高度充满

宽度充满

显示文本"我该怎么办？"

文本对齐居中

布局效果：

2.编程设计

编程逻辑：

当按钮被点击执行

设置按钮文本为

放置空文本，输入"勇往直前"

代码块如下：

3.测试

尝试用模拟器调试程序

【收获与总结】

在App开发的课程中，虽然偏向实践操作，但同学们也一定要理清其中的原理与逻辑，如此知行合一，在不断探索中检验真理，在增进理论水平时积累经验与技巧。

【拓展与创新】

App开发的实战训练虽短，但程序的开放与自由，给了我们无限拓展空间，在这里我们面对的就不仅仅是一行行代码，而是未来。我们此时的工作不亚于文学家的创作，也不亚于艺术家的创新。

【评价】

"App开发"课程评价表

班级：_____ 小组：_____ 姓名：_____ 评价日期：_____

评价项目		评价内容	自评	师评	他评	家评
学习态度		对参与研究活动有强烈的热情，有认真的贡献，有积极获取相关知识和技能的能力				
组织合作		能够积极合作，与团队其他成员合作，积极交谈，提供独特的信息，协调和沟通				
工作方式		能够提前制订计划，有序有效地组织活动，遵守团队规则，能够一步一步地完成活动				
操作能力	搜集处理信息能力	能够通过互联网、图书馆等多种方式收集数据，并有效组织收集到的信息，能够从不同角度理解这项技能				
	社会调查能力	了解如何在调查过程中与他人打交道，调查表格的设计是否合理，有调查记录和调查报告				
	反思能力	在活动中，你可以以开放的心态倾听他人的评价，继续反思自己，发现问题并且可以及时解决				
	发布成果能力	能够通过并发布丰富的活动成果，比如有针对性、详细性和恰当性的文件等				
实践成效		在规定的期限内完成任务，活动记录及时、真实、完整				
		所输出的内容，可以很好地显示活动的过程和收获，而且显示的活动品质高，有创新				

评价说明：根据各个评价维度，四个不同主体（学生、老师、同学、家长）分别对学生进行评价，分为"优秀""良好""尚可""努力"四个层次。

【其他感想】

_____

_____

_____

_____

_____

第二节 python程序

【课前思考】

计算机与现代生活息息相关，撰写文章，做PPT，玩网络游戏，QQ聊天，在线购物都离不开计算机，甚至手机中的各种应用程序，例如微信、GPS导航等，也离不开计算机的支持。但你是否考虑过，计算机如何帮助我们完成各种任务？

计算机程序告诉计算机如何逐步执行任务以实现最终目标。使用计算机编程语言，通过分析、设计、编码、测试、调试等步骤，编写解决特定问题的程序的过程称为程序设计或编程（编程）。因此，为了控制计算机方便快捷地实现各种功能，我们必须学习编程。为了编写程序代码，我们必须涉及计算机语言。因此，我们必须首先选择和学习计算机编程语言。

【实践与研究】

环节1：启动Python

编写你的第一个程序！

■试一试

单击"开始"菜单，找到"Python 3.x"，单击"IDLE"即可启动Python

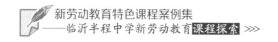

Shell。

我们可以看到如同上图一样的命令行窗口，我们通过它来下达指令。

■做一做

在命令提示符下输入：

>>>print("Welcome to Python World! Welcome to Python World!")

■试一试

尝试输入错误的语句(如用中文符号或少打一半引号)，程序会执行什么结果？

在Python窗口中，"">>>"就是命令提示符，此时可以向计算机下达命令。

Print()函数可以用来打印输出。

环节2：简单的计算

如何使用Python解决数学问题。

① $7.25 \times 1.8 - 100 \div 0.16$

② $3.14 \times 38 + 14.165$

③ 求365 + 7的余数

④ 对365 ÷ 7结果取整

⑤ $[(-3.52 + 6.15) \times 150 + 15.5]$

■想一想

Python使用的数学符号和数学课本上的数学符号是一致的吗？你可以用键盘表示出除号、取整吗？

■试一试

在交互模式下，用Python表达"$7.25 \times 1.8 - 100 \div 0.16$"，我们可以得出什么结果？

常用运算符号

功能	符号
加法	+
减法	−
乘法	*

除法　　　/

取余　　　%

取整　　　//

幂运算　　＊＊

环节3：新建程序

同学们想不想实现自己的梦想？尝试创建一个小程序，实现梦想！

环节4：新建小程序

■试一试

观察Python代码编辑窗口，并说出它与其他软件有哪些相似之处。

保存并运行程序，查看运行效果。

程序就是命令的集合。根据需求设计一组语句，执行程序并保存文件。这就是编程。

环节5：添加注释

新接触一篇英语课文时，你可能会增加注释帮助理解。同样的，我们也可以使程序更容易理解。现在，我们一起给程序添加注释吧！

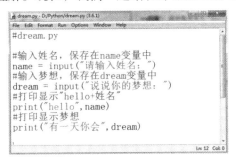

环节6：变量

定义一个变量r表示圆的半径。当r=1.8时，圆的面积是多少？当r=3.6、

r=5.4、r=7.2时呢？在程序中计算一下。

■试一试

定义一个变量r，表示圆的半径，赋值为1.8。

■想一想

计算机中的变量和数学中的变量有什么区别？

在学校中，用名字来指代同学，在数学方程中，常用x，y表示数字，在Python程序中，变量就是一个盒子，可以存放名词，比如苹果，也可以存放数字，比如十六。计算机就像仓库一样，装了很多盒子，怎么区分这些盒子呢？我们要在盒子上打上标签。如输入r=1.8，就是新建了一个名字是r的变量，标签为r的盒子装着1.8这个数字。

注意这里的"="不是数学意义的等于，它是编程语言中的"赋值运算符"，r=1.8表示把1.8赋给r这个变量。

环节7：面积的计算

圆环的内圆半径rl = 1.8，外圆半径 r2=2，计算出圆环的面积。

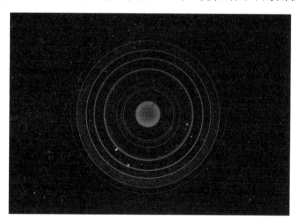

■试一试

定义变量rl，赋值为1.8；定义变量r2，赋值为2。

■想一想

已知内圆半径H和外圆半径r2，怎样表示圆环面积？

■做一做

计算圆环面积并显示计算结果。

环节8：再想想看

1.界面设计

本次设计的"再想想看"用到组件：

按钮

组件要求：

背景颜色白色

字号36.0

高度充满

宽度充满

显示文本"我该怎么办？"

文本对齐居中

2.编程设计

编程逻辑：

如果则否则（选择内置块中控制小组）

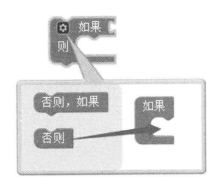

当按钮被点击时，执行

如果按钮文本为勇往直前

则设按钮显示文本为再想想看

否则显示文本为勇往直前

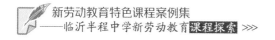
代码块如下：

```
当 按钮1 · 被点击
执行   如果   按钮1 · 文本 · = · "勇往直前"
      则  设置 按钮1 · 文本 · 为 "再想想看"

      否则 设置 按钮1 · 文本 · 为 "勇往直前"
```

环节9：测试

尝试用模拟器调试程序

【收获与总结】

计算机编程语言的发展已有几十年的历史。在此期间，编程语言经历了从低级语言到高级语言的过程。这里提到的低级语言和高级语言不是指语言的功能和级别，而是指编程语言和人类语言在邻近性方面的差异。低级语言更接近机器语言。计算机更容易理解，人类却难以理解。高级语言则相反。

计算机语言允许我们与计算机"对话"并向计算机发出命令。例如，我们如何训练狗？当我们说"坐下"时，它会蹲着。狗可以理解这种简单的命令，但是对于我们说的大多数其他事情，它并不是很理解。

同样，计算机也有局限性，但它们确实会执行你使用其语言发布的指令。python是一种不复杂而作用很大的编程语言。通过现在的学习，我们可以为未来打下良好的基础。

【拓展与创新】

在日常的学习与生活之中，如何将上面所学技巧与知识应用起来，建立起属于自己的程序？在程序开发中，大家又有哪些好用的工具，可以分享给他人，也可以吸取他人的学习路径，不断提升自己。

【评价】

"python"课程评价表

班级：_____ 小组：_____ 姓名：_____ 评价日期：_____

评价项目		评价内容	自评	师评	他评	家评
学习态度		对参与研究活动有强烈的热情，有认真的贡献，有积极获取相关知识和技能的能力				
组织合作		能够积极合作，与团队其他成员合作，积极交谈，提供独特的信息，协调和沟通				
工作方式		能够提前制订计划，有序有效地组织活动，遵守团队规则，能够一步一步地完成活动				
操作能力	搜集处理信息能力	能够通过互联网、图书馆等多种方式收集数据，并有效组织收集到的信息，能够从不同角度理解烹饪这项技能				
	社会调查能力	了解如何在调查过程中与他人打交道，调查表格的设计是否合理，有调查记录和调查报告				
	反思能力	在活动中，你可以以开放的心态倾听他人的评价，继续反思自己，发现问题并且可以及时解决				
	发布成果能力	能够通过并发布丰富的活动成果，比如有针对性、详细性和恰当性的文件等				
实践成效		在规定的期限内完成任务，活动记录及时、真实、完整				
		所输出的内容，可以很好地显示活动的过程和收获，而且显示的活动品质高，有创新				

评价说明：根据各个评价维度，四个不同主体（学生、老师、同学、家长）分别对学生进行评价，分为"优秀""良好""尚可""努力"四个层次。

【其他感想】

_____

_____

_____

第三节　开源硬件

【课前思考】

我们生活在一个信息技术日新月异的多彩世界里。信息承载世界，技术引领未来。掌握信息技术是现代化社会每个公民的必备素养。结合我校学生的生活、学习实际情况，我们编写了这套开源硬件——智能机器人教材。

BBC micro：bit是一款专为青少年编程教育而设计的微型电脑开发板，由英国广播电视公司（BBC）推出。发布这款开源硬件主要服务于青少年的编程教育，希望能够发挥青少年的想象力，使广大青少年参与到硬件制作、软件编程中去。2016年3月至6月，micro：bit在英国全线铺开，并且配套了大量项目教程资源和活动，无论是线上还是线下都有相当丰富的形式存在。在英国，每一名7年级的在校学生（11～12岁）都可以免费领取一块micro：bit开发板用于编程学习，受益的学生数量约有百万。

【实践与研究】

环节1：认识BBC micro：bit开发板的硬件组成

5×5LED点阵：

可显示文字、数字、图形等，亮度传感器。

按键A/B：

可编程按钮

I/O扩展接口：

含SPI、UART、I2C、

AD、PWM等

接口。

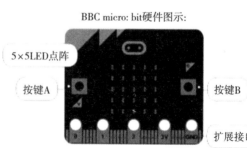

BBC micro: bit硬件图示:

5×5LED点阵
按键A
按键B
扩展接口

Nrf51822处理器：

16MHz 32位ARM Cortex-M0内核、蓝牙4.0低功耗/2.4GHz RF无线、温度传感器。

地磁传感器MAG3110：

获取三轴地磁数学。

加速度传感器MMA8652:

获取三轴加速度数据。

Micro USB接口：

可接入电脑烧写/仿真，串口

环节2：认识makecode编辑器

makecode可视化积木编程软件可分为在线版和离线版两类。

下载Makecode3.1离线版并安装，然后启动编程软件选择新建项目，打开项目编译器。

认识界面，界面可分为三部分，最左侧是模拟器，中间是指令块工具栏，右侧是编程区，用来放置指令块。

环节3：使用BBC micro：bit播放音乐

1.单击指令工具栏中的"音乐"选项，选择"　播放旋律 dadadum ▼ 重复 播放一次 ▼　"指令块，单击鼠标左键并将其拖动到"当开机时"控制指令块中。单击播放列表可以选择不同的内置音乐。

2.选择音乐，在播放旋律指令块中选择播放列表选择"生日歌"，并将指令块拖动到"当开机时"控制指令块中。

设置完成后，模拟器就可以播放音乐了。

3.除了播放内置的音乐，我们还可以通过播放音调指令块，自定义曲谱完成歌曲的编写。这需要使用"音乐"工具箱中的"播放音调"指令块。

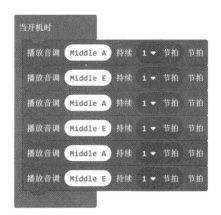

4.使用相同指令块时，可以单击右键，选择重复命令。

修改"播放音调"和"持续节拍"参数可以编辑出不同的音乐。

环节4：倒计时发令器

认识了BBC micro：bit的基本功能和makecode的编程界面，熟悉了指令块的编写方法，下面我们一起来帮体育老师设计一个倒计时发令器吧。

发令器要求：显示屏显示9到0的数字，当显示"0"时播放音乐。

选择要用的指令块" 显示数字 9 "和" 播放旋律 funk ▼ 重复 播放一次 ▼ "。

根据要求显示屏是显示数字9到0，所以我们显示数字指令块要有10块并列堆叠在一块。

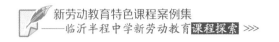

观察发现指令块是按顺序从9开始逐一显示到0后，开始播放音乐。

观察最左侧的模拟器是不是能顺利完成倒计时发令器，如果出现问题可以在编程界面及时修正。

【收获与总结】

如同口袋般大小的可编程计算机，这样的设计让我们每个人都能够接触到，我们都可以在这块小小的板卡上进行创新。

它的大小就像一张名片，但却"五脏俱全"。除了核心芯片，还内置了加速度计、磁力计、光电传感器、蓝牙芯片、LED显示器和两个可定义功能的按钮。

前人给了我们创造的平台，我们可以尽情地学习知识、更新技能，进行开发与创造。同时，我们也要思考，创造本身与创造平台之间的关系。

【拓展与创新】

mircro：bit进入中国已经有一段时间，广受同学和家长的喜爱。简单的开发项目既丰富了课余活动，也能够培养同学们对科技的参与感。

我们不仅要获得信息技术学科的知识与技能，更重要的是掌握利用信息技术解决实际问题的方法。同时，他人提供了创造平台与工具，我们如何创造属于自己的平台与工具。

【评价】

"开源硬件"课程评价表

班级：_____ 小组：_____ 姓名：_____ 评价日期：_____

评价项目	评价内容	自评	师评	他评	家评
学习态度	对参与研究活动有强烈的热情，有认真的贡献，有积极获取相关知识和技能的能力				
组织合作	能够积极合作，与团队其他成员合作，积极交谈，提供独特的信息，协调和沟通				
工作方式	能够提前制订计划，有序有效地组织活动，遵守团队规则，能够一步一步地完成活动				

续表

评价项目		评价内容	自评	师评	他评	家评
操作能力	搜集处理信息能力	能够通过互联网、图书馆等多种方式收集数据，并有效组织收集到的信息，能够从不同角度理解这项技能				
	社会调查能力	了解如何在调查过程中与他人打交道，调查表格的设计是否合理，有调查记录和调查报告				
	反思能力	在活动中，你可以以开放的心态倾听他人的评价，继续反思自己，发现问题并且可以及时解决				
	发布成果能力	能够通过并发布丰富的活动成果，比如有针对性、详细性和恰当性的文件等				
实践成效		在规定的期限内完成任务，活动记录及时、真实、完整				
		所输出的内容，可以很好地显示活动的过程和收获，而且显示的活动品质高，有创新				

评价说明：根据各个评价维度，四个不同主体（学生、老师、同学、家长）分别对学生进行评价，分为"优秀""良好""尚可""努力"四个层次。

【其他感想】

_____

_____

_____

_____

_____

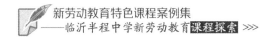

第四节　无人机（节选）

【课前思考】

无人机的全称是无人驾驶飞机（UAV），无人机是可以利用无线电遥控设备和相应程序控制装置操纵的不载人飞行器。实际上，无人机是无人驾驶飞行器的统称，从技术角度定义可以分为：无人垂直起降飞机、无人直升机、无人固定翼飞机、无人多旋翼飞行器、无人飞艇、无人伞翼机等。

近年来，无人机因为体积小，造价低，方便与智能软、硬件相结合，因此，无论是在民用还是军用领域都极受青睐，同时也还有着无限的发展空间，是未来科技的代表产品形态之一。在这里，请思考新劳动教育所提倡的劳动精神，如何在无人机领域发挥作用，劳动精神与科技发展的内在逻辑关系又是什么？

【实践与研究】

环节1：认识遥控器

1.天线

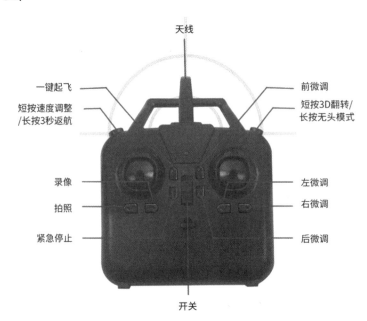

2.前微调

3.短按3D翻转/长按无头模式

4.左微调

5.右微调

6.后微调

7.开关

8.紧急停止

9.拍照

10.录像

11.短按速度调整/长按3秒返航

12.一键起飞

环节2：组装

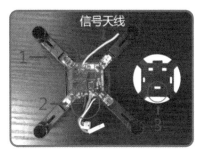

1.主板安装

红色插口对准机身A支架，白色插口对准机身B支架。

主板上电源线跟摄像头线，凹转到机身出线口位置，防止线卡住盖子。

图片标志位置为线条出口位置。

天线从插口位置放出。

2.电机安装

红色插头电机对应主板上红色的插口，白色插头电机对应主板上的白色插口。

电机线往机身支架缠绕一圈，防止螺旋叶旋转时缠绕。

3.安装保护架

保护圈应该在螺旋叶未安装之前安装，扣住电机四周，按到底部。

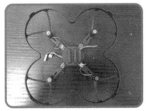

4.安装螺旋叶

螺旋叶分为AB螺旋叶，A螺旋叶对应红色插头电机，红色插头电机也叫正转电机，B螺旋叶对应白色插头电机，白色插头电机也叫反转电机。

卸载螺旋叶可以使用卸载螺旋叶铁片。

卸载扳手

5.摄像头主板如第一个图按进摄像头盖子内，摄像头盖红圈位置卡脚卡入机身底部空缺位置，摄像头盖子尾部往后推，卡入机身。

安装完毕后，摄像头插线插入主板摄像头预留线。

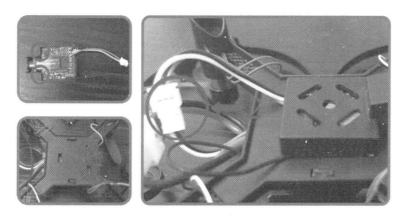

6.锂电池线与主板连接即自动开启无人机，无须开关，请注意电源连接切勿反插，插头链接应是红线对红线，黑线对黑线。

 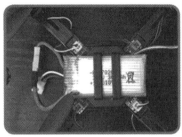

环节3：注意事项

充电时需要注意，电池要正确连接，切勿反插，防止短路。

USB数据电线插头应该插在5V 1A的输出口上充电（切勿使用快充，防止电池爆炸）。

环节4：课堂展示

【收获与总结】

无人机的拆装是无人机实操环节的基础，只有认识无人机的基本结构与掌握组装技能，才能继续展开后续的无限拓展。

【拓展与创新】

无人机的种类与用途多种多样，课程中只是举之一例，更多的使用技巧是软、硬件拓展策略，尚需我们发挥劳动精神，坚持手脑并用，知行合一，不断去丰富理论知识与在实践中探索实际应用的技巧。

【评价】

"无人机"课程评价表

班级：_____ 小组：_____ 姓名：_____ 评价日期：_____

评价项目		评价内容	自评	师评	他评	家评
学习态度		对参与研究活动有强烈的热情，有认真的贡献，有积极获取相关知识和技能的能力				
组织合作		能够积极合作，与团队其他成员合作，积极交谈，提供独特的信息，协调和沟通				
工作方式		能够提前制订计划，有序有效地组织活动，遵守团队规则，能够一步一步地完成活动				
操作能力	搜集处理信息能力	能够通过互联网、图书馆等多种方式收集数据，并有效组织收集到的信息，能够从不同角度理解这项技能				
	社会调查能力	了解如何在调查过程中与他人打交道，调查表格的设计是否合理，有调查记录和调查报告				
	反思能力	在活动中，你可以以开放的心态倾听他人的评价，继续反思自己，发现问题并且可以及时解决				
	发布成果能力	能够通过并发布丰富的活动成果，比如有针对性、详细性和恰当性的文件等				
实践成效		在规定的期限内完成任务，活动记录及时、真实、完整				
		所输出的内容，可以很好地显示活动的过程和收获，而且显示的活动品质高，有创新				

评价说明：根据各个评价维度，四个不同主体（学生、老师、同学、家长）分别对学生进行评价，分为"优秀""良好""尚可""努力"四个层次。

【其他感想】

_____

_____

_____

_____

第六章

走入生活，走上岗位

章节引导：新劳动教育，从生活中来，到生活中去

能力指向

走上岗位，服务社会，成就自我，创造未来。

重点能力

专业能力：新劳动精神，从专注到专业。

学习能力：新劳动实践，从学习到能力。

适应能力：新劳动岗位，从个人到社会。

第一节　养　猪

【课前思考】

饲养业并非农村的专属经济，它是整个社会运作不可或缺的一环，无论是从建设农村经济还是支持整个市场，抑或是谋取职业发展道路，养猪都是一条实打实的劳动经济之路。面对养猪，我们应当思考整个流程管理与细节把控，还应当发挥劳动精神，将"养猪"这一职业从创新与探索的角度走出一条科学之路。

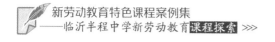
【实践与研究】

环节1：认知

你知道猪最早出现是在什么时候吗?

猪的历史可以追溯到四千万年前，有迹象表明家猪可能是来自欧洲和亚洲地区。因为在已经被人们发现的化石中证明，曾有过像野猪一样的动物活动于森林和沼泽之中。

野猪最先在中国被驯化，中国的养猪史可以追溯至新石器时代的早、中期。古代的人认为猪是财富和生育的象征。在商代，猪被人们认为是贵重的礼物，寓意吉祥。后来，出现了很多与猪相关的字，比如"家"（房子底下有猪，豕的意思就是猪）。

1.常见的国内品种猪

太湖猪，比较多见于太湖流域，一般通体全黑色，耳朵大并且垂落，腹部大且下垂，皮肤的皱纹比较明显。

金华猪，该猪种体形不大，腹部下垂，背部下凹，臀部宽斜，全华火腿的主原料就是多用金华猪制作的。

淮南猪，多为产自河南的地方品种猪，黑色，耳朵下垂，额头有明显的菱形皱纹，背部比较平直。

2.常见的国外品种猪

杜洛克，产自美国东北部，棕色毛，肌肉丰满，后腿发达，蹄为黑色。

大约克夏猪，原产自英国，在国内又被叫作大白猪，全身白色。

长白猪，原产自丹麦，体形较长，通身白色，后躯发达，臀部丰满。

环节2：猪舍建造

1.场地选择

在进行猪舍场地选择时，要充分考虑到猪的数量、活动区域、饲料储存、办公区域等方面。如果场地选择不合理会导致生猪的动物生产力降低，从而导致经济损失。

2.猪舍采光

猪舍一般会按照坐南朝北的方向进行建造，在建造时一定要考虑到窗户的问题，要设计合理的窗户数量及窗户大小，保证生猪获得足够的光照，以满足其正常生长需要。

3.猪舍通风

生猪在猪舍的活动过程中会产生大量的热、水汽、灰尘、气体及病原体，需要定时通风以防止疾病产生，保证猪群的健康。

4.处理系统

其中包括饮水处理系统和粪便处理系统。

设计饮水器时一般将饮水器设置为2个高度。高度设置到跟猪肩胛骨平行的位置就差不多了。

如果粪便处理不当，导致猪舍污染，肯定会造成生猪疾病不断，因此猪舍的粪便处理系统一定要做好。猪舍内污水沟需要有足够的坡度，这样有利于粪便污水等顺利流出猪舍，不让污水在猪舍内绕圈。

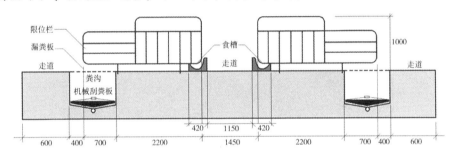

环节3：繁殖

1.猪的配种

现代养猪，一般采用人工授精的方式来完成猪的配种工作，这样能够保证配种的成功率以及仔猪在孕育过程中的健康。

2.仔猪的保育

从断奶开始到70日左右的猪被称为保育猪。保育猪的成活率是养猪取得成功的关键因素之一。

（1）保育舍消毒。仔猪断奶进入保育舍之前要对保育舍进行彻底的消毒。

（2）分群与调教。一般按照原窝同圈、大小相近的原则进行分群，尽量避免仔猪因强弱不均造成的不必要的争斗。同时要调教仔猪能够自主区分睡卧区和排泄区。

（3）科学饲养。仔猪断奶后的5~6天，要控制好仔猪的食摄入量，喂到七八分饱就可以了，少喂多餐，慢慢过渡到仔猪可以自由采食。

（4）搞好卫生、加强通风。

（5）做好免疫注射和驱虫工作。

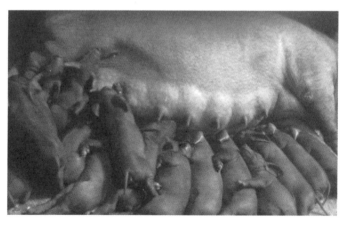

3.母猪的产后护理

在母猪生产以后抵抗力下降，要及时给母猪消毒，避免因产后虚弱感染疾病。

为母猪和仔猪提供一个舒适温暖安静的环境；在喂养产后的母猪时，要多给母猪喝水，多喂食一些青绿饲料和富含高蛋白的食物，控制好分量，不能一次性给食太多；猪舍保证适宜温度和湿度，这样比较有利于母猪的休养，而且仔猪也不容易感冒。

环节4：家猪养殖

所谓家猪，是相对于野猪来说的。野猪通过人类的驯化后又经过了长期的进化。现在养殖家猪主要以长肉长膘为主，家猪也失去了野猪的流线体形。

家猪的饲养，大体上可以分为两种。

1.家庭饲养

不成规模，也不喂食饲料，大都是将家庭厨房的厨余料给生猪食用，比如剩饭残渣、泔水等，然后再喂食一些糠麸皮、玉米等农副产品，这种猪也就是人们说的占槽猪，家猪通常不出售，农户自己屠宰吃。

2.规模化养殖

把猪的饲养作为一个产业，从圈舍、饲料、管理等方方面面都按一定的模式进行，科技含量高，效益高。干撒式发酵床养猪法是常见的一种规模化养殖方法。

干撒式发酵床养猪

圈舍内均匀铺撒发酵剂与锯末混匀垫料，总厚度约50厘米。

猪的粪尿作为营养源与垫料混合物逐渐反应发酵，形成恒温床。

发酵完成后发酵产物能作为肥料或粗饲料，分批清运出舍。

根据实际情况，定期补充垫料。

3.干撒式发酵床养猪的优点

（1）除臭环保。

猪的粪尿在功能菌的作用下，一部分被降解为无臭气体，从而被排放掉。相当于从源头上降低了粪尿对生态环境的污染。

（2）节能省粮。

发酵床发酵能够产生热量，人们通过设备将热能转化为电能，在生产生活中能节省一半以上的煤电。粪尿及垫料也在有益菌的作用下，降解成能够被动物食入的菌体蛋白及多种有益物质，能够节约饲料。

（3）抗病促长。

猪舍中含有大量的有益菌，猪长期生活在这样的环境中，其抗病能力能够得到增强。

（4）节水省工。

不用清粪、冲圈，所需工人也少。

（5）提高品质。

用药少，猪肉品质优、口感好，售价也会更高。

【收获与总结】

通过养猪课程，同学们跟着教材从现代生猪养殖实际需要出发，按照生猪的种类和养殖技术生产销售方式进行学习，也符合对生猪养殖的认识和学习。除了理论知识，我们还应当将这些理论知识应用到未来畜禽养殖的实践当中去。

【拓展与创新】

在我国农业经济结构中，养猪业的地位非常重要，而且由原来的传统养猪业不断向现代养猪业转变，无论是从养殖的模式、区域布局还是生产方式、生产能力等，都发生着显著的变化。虽然在一定程度上还存在自主创新能力弱、劳动力成本高等诸多挑战。但相信随着国家自主创新条件的不断改善、国际市场空间继续扩大、国内市场持续稳步增长、政府支持力度增大等诸多向好势头，未来养猪的发展前景一定会更加广阔。政府也鼓励各地养猪户在"适度规模养殖""智能猪业""低碳排放"等方面不断努力，打造绿色养猪产业。

【评价】

"养猪"课程评价表

班级：_____ 小组：_____ 姓名：_____ 评价日期：_____

评价项目		评价内容	自评	师评	他评	家评
学习态度		对参与研究活动有强烈的热情，有认真的贡献，有积极获取相关知识和技能的能力				
组织合作		能够积极合作，与团队其他成员合作，积极交谈，提供独特的信息，协调和沟通				
工作方式		能够提前制订计划和计划，有序有效地组织活动，遵守团队规则，能够一步一步地完成活动				
操作能力	搜集处理信息能力	能够通过互联网、图书馆等多种方式收集数据，并有效组织收集到的信息，能够从不同角度理解这项技能				
	社会调查能力	了解如何在调查过程中与他人打交道，调查表格的设计是否合理，有调查记录和调查报告				
	反思能力	在活动中，你可以以开放的心态倾听他人的评价，继续反思自己，发现问题并且可以及时解决				
	发布成果能力	能够通过并发布丰富的活动成果，比如有针对性、详细性和恰当性的文件等				
实践成效		在规定的期限内完成任务，活动记录及时、真实、完整				
		所输出的内容，可以很好地显示活动的过程和收获，而且显示的活动品质高，有创新				

评价说明：根据各个评价维度，四个不同主体（学生、老师、同学、家长）分别对学生进行评价，分为"优秀""良好""尚可""努力"四个层次。

【其他感想】

_____

_____

_____

_____

_____

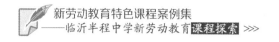

第二节　沼　气

【课前思考】

人类所面临的矛盾，来自环境与发展的双重需求。经济的发展、社会的进步以能源为主要动力。现在经济体系下利用基本能源的方式方法，已经对环境造成了巨大的破坏，我们追求发展的高速度，带来的后果也反过来制约了发展。

有机废水、畜禽污水排放量不断增加，污染治理面临巨大挑战；农业发展使用了大量的化肥、农药，对土壤、地表水、地下水的污染等，已经造成了巨大的损失。人口的增加，化石燃料最终必将耗尽，各国努力寻找新的可再生能源。

【实践与研究】

环节1：认知

同学们，我们常常会看到一些水塘、臭水沟中咕嘟咕嘟地往外冒气泡，你可知那是什么？你有没有思考过为什么会产生这些气泡呢？今天就让我们一起来学习一下这些气泡到底是什么。

1.什么是沼气

沼气是一种能够燃烧的气体。我们在池塘、臭水沟中看到的气泡中的气体就是沼气。气温越高，气泡冒得越多。最初，人们在沼泽地带发现这种气体，所以就给它起名叫"沼气"。在一些生物体内也有沼气产生，像牛、羊等反刍类动物的胃在食物消化中也会产生沼气。

（1）沼气的产生

沼气是有机物质在厌氧环境和一定的温度、酸碱度条件下，经过细菌的生化作用所产生的一种可燃气体。

（2）沼气中的主要气体成分

甲烷（CH_4）	50%～70%，可燃成分
二氧化碳（CO_2）	30%～45%
硫化氢（H_2S）	臭鸡蛋气味，腐蚀管道和炉具，对人体有危害，但是借助其独特的气味可以识别管道是否漏气
氢气（H_2）	含量很少，可燃成分

2.沼气的物理、化学性质

沼气主要成分是甲烷，因含有H_2S等气体而变成一种无色、有味、有毒、有臭的气体。在常温下，甲烷无色、无味、无臭、无毒。甲烷是优质的气体燃料，它是最简单的有机化合物，燃烧时火焰呈蓝色，温度在1400℃左右。甲烷溶解度很低，在20℃、一个大气压下的环境中，100单位体积的水，只能溶解3单位体积的甲烷，这是沼气可以用排水法收集和储存的基础。沸点是−161.5℃，很难液化，故在一般条件下沼气只能用管道输送，不宜液化装罐。

环节2：制作沼气

1.沼气发酵的整个过程

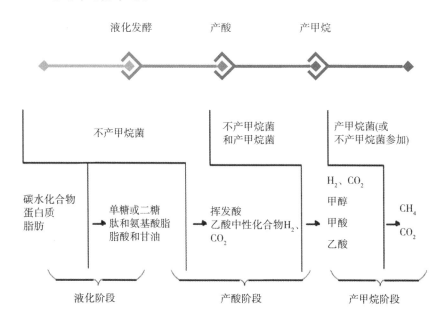

2.沼气产生的条件

严格的厌氧环境。

充足的发酵原料和沼气接种物。

适宜的发酵浓度、温度和酸碱度。

3.沼气制造的过程

小贴士

（1）适宜的发酵温度：在10℃到60℃的范围内。

（2）适宜的酸碱度：在pH＝6～8之间，均可产气。

（3）适宜的浓度：一般干物质占4%～10%，即发酵原料含水量在90%～96%。

想要制造沼气，你可以尝试一下这个步骤：

①准备原材料：树枝，树叶，塑料瓶。

②将树枝、树叶这类东西放在塑料瓶里。

③往瓶里注水。

④将装有水和树枝叶的瓶子放在有日照处。

⑤等待十几二十天，直到产生气泡。

⑥打开瓶盖闻到腐臭就制作完成了。

大型的沼气生产

1.主要工艺

备料。秸秆400～500公斤。

洒水。1∶1水湿润15～24小时。

拌菌。公斤菌种：5公斤碳铵–100公斤左右水

或直接与猪粪尿300公斤堆沤。

堆垛。高度1.0～1.5米。

打孔。堆垛四周及顶盖上，底部不盖。

维持50℃以上3天，直到有一层白色细菌显现。

入池。5公斤碳铵溶于水中，与秸秆混合均匀入池，补充水到池量的80%，封池5～6天。

放气。排放废气1～2天。

试火。试好火后正常使用。

2.工艺流程

（1）准备阶段

发酵原料准备：农业废物收集和能源植物栽培。

原料处理：铡短、粉碎或适当堆沤。

按种物的准备为原料的10%～20%，可进行选择和富集培养。

投料干物质含4%～6%。

（2）启动阶段

加水封池，可用沼气水、坑塘水、河水。

放气试火，气压表压差在20CM水标以上。

大换料，必要时每年一到两次，清除残渣，保留活性污泥，残渣可做肥料。

（3）运行阶段

每隔5～7天进出料一次，平均每天每个沼气池投入干物质4～8公斤。

用气量大时，平均每天每立方米沼气投入干物质2公斤。

【收获与总结】

首先，我们学习了沼气生成的化学原理，以及具体生成方式。

其次，我们理解了沼气在经济发展中的战略作用——沼气技术能够实现对有机废弃物和有机废水的能源回收与再利用。沼气发酵系统能和农业生产紧密结合，减缓化肥农药带来的种种不利，有效促进农村经济的发展。关于这一点，中国农村的许多地区的实践已证明，沼气系统在带动农村经济发展上是卓有成效的。利用沼气技术这一环保治理的手段可以促进企业的可持续发展，还能盘活企业发展与周边农村经济，同时也能与农业的可持续发展有机结合，促进新农村的建设。

最后，我们剖析了沼气的巨大价值——通过沼气技术与工程建设，有利于稳定提高农田的产量。将沼气建设为生态农业的核心纽带，把种植业作为基础，养殖业为主导，工业为特色的农村生态效益型经济的发展格局。如此一来，就能使企业沼气的生态工程成为带动区域农村建设的一项基础工程、惠民工程。

【拓展与创新】

我们系统地学习了沼气发酵工艺技术、沼气安全使用与维护管理基础知识等，旨在了解沼气技术及这项新能源技术对农村发展的意义，树立劳动观念，加倍珍惜别人和自己的劳动果实。现在，请同学们思考沼气影响到我们日常生活的哪些方面？其中，还有哪些值得优化和提高的地方？

【评价】

"沼气"课程评价表

班级：_____ 小组：_____ 姓名：_____ 评价日期：_____

评价项目		评价内容	自评	师评	他评	家评
学习态度		对参与研究活动有强烈的热情，有认真的贡献，有积极获取相关知识和技能的能力				
组织合作		能够积极合作，与团队其他成员合作，积极交谈，提供独特的信息，协调和沟通				
工作方式		能够提前制订计划，有序有效地组织活动，遵守团队规则，能够一步一步地完成活动				
操作能力	搜集处理信息能力	能够通过互联网、图书馆等多种方式收集数据，并有效组织收集到的信息，能够从不同角度理解这项技能				
	社会调查能力	了解如何在调查过程中与他人打交道，调查表格的设计是否合理，有调查记录和调查报告				
	反思能力	在活动中，你可以以开放的心态倾听他人的评价，继续反思自己，发现问题并且可以及时解决				
	发布成果能力	能够通过并发布丰富的活动成果，比如有针对性、详细性和恰当性的文件等				
实践成效		在规定的期限内完成任务，活动记录及时、真实、完整				
		所输出的内容，可以很好地显示活动的过程和收获，而且显示的活动品质高，有创新				

评价说明：根据各个评价维度，四个不同主体（学生、老师、同学、家长）分别对学生进行评价，分为"优秀""良好""尚可""努力"四个层次。

【其他感想】

_____

_____

_____

_____

第三节　净化水

【课前思考】

众所周知，水是生命之源，地球上的生物一刻也离不开水。正因有了水，人类才能够得以生存，万物才能充满生机，世界才会千姿百态、异彩纷呈。

虽然地球上的水资源储存非常丰富，然而实际上可利用的淡水资源却非常有限。淡水资源作为一种可再生资源，也可以用科学的方式方法加快自然循环与人为生成。

现在，请同学们思考和畅想，自己了解哪些获得淡水资源的方法？

【实践与研究】

环节1：认知净化

1.古代的净水方法

古人说："干净的饮用水，没有瘟疫。"《调疾饮食辨》中记载："春夏大雨，山河飞涨，有毒。"如果山上没有其他的水，最好把大蒜或明矾稍微捣一下，放进水箱里，使水沉淀和净化。古代经常用的净化水方法是过滤净化法和沉淀法。

过滤净化方法就是让水通过砂等滤料，过滤水中的杂质，使其变清澈。（在木桶底部打洞，桶内装稻草、石块等过滤饮水的方法。）

沉淀净化法就是在水中加入药物，让水中的混合物沉淀。古代常用钟乳石、磁石、榆树皮、木芙蓉、杏仁、桃仁等东西来净化饮用。

2.近代净水法

炭洗法：木炭、干土具有吸附能力，能够吸附水中杂尘等物质，具有净水作用。这种方法便是目前净水器的前身。

加氯法（加氯消毒）：对无污染的水源建立加氯消毒法，主要是为了去除浊度，控制水中的细菌和病毒污染物。自来水经氯化处理后，氯与水可反应生成次氯酸盐，氧化性强，成本低，可消毒。

3.净水的发展历程

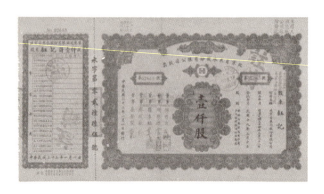

民国自来水股票

我国古代净水装置

20 世纪初
190

1982

20 世纪80
年代后

比利时人发现，氯可以去除水中的生物污染以制止瘟疫的传播，于是经混凝—沉淀—过滤—消毒技术制作自来水的方法开始流行。自此，人类开始逐渐用自来水代替天然水。

在浙江嘉善新港，有一口 400 多年前的井。井底放置一层厚 10 厘米的蛤壳，在蛤壳上竖起一根木轴。这是我国早用来过滤、净化井水的净水装置。

20 世纪 80 年代，由于工、农业污染的加剧，但反渗透技术对去除水中有害的有机物、重金属等污染物较为有效。这种技术的应用，使得桶装纯净水面世。

现在人们饮用的桶装水，多数是地下水抽取生产的纯净水或矿泉水，经现代工业技术处理后的产品。桶装水最常见的分类有三种：纯净水、矿泉水和天然纯净水。

环节2：自来水厂的净化步骤

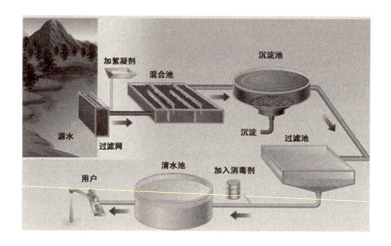

1. 从江河湖泊中抽水。

2. 絮凝反应处理。

3. 过滤处理。

4. 沉淀处理。

5. 滤后消毒处理（加氯杀毒）。

6. 管道运输到家庭用户端。

自来水厂中的水，就是通过这六个步骤输送到千家万户。

环节3：每个步骤的作用

1. 经混凝处理的水，可以形成较大的絮粒，便于从水中分离。

2. 水中的颗粒沉于池底，污泥不断堆积并浓缩，定期排出池外。

3. 水中细小悬浮杂质、有机物、细菌、病毒，可以通过过滤进一步清除。

4. 消毒目的，主要是消灭水中致病微生物，保证饮用达到饮用水细菌学指标。

5. 消毒后的水，由清水池经送水泵房提升达到一定的水压，通过运输送到千家万户。

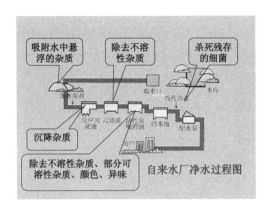

自来水厂净水过程图

自来水厂净化处理中最重要的一个步骤就是，"滤后消毒处理"，因为这个消毒过程需要添加漂白粉、氯气进行杀毒、杀菌、杀灭水中有害微生物等。当然净水的每个步骤都有其重要意义。

环节4：海水淡化

1.海水淡化的概念

海水淡化是通过海水进行脱盐从而生产淡水的过程。海水淡化是对水资源进行利用，通过这种技术可以增加淡水的总量。从海水中得到淡水的过程就被称作是海水的淡化。

2.海水淡化的原因

（1）不会受到时间、空间及温度的影响。

（2）让沿海居民的饮用水、工业锅炉补给水等保持稳定的供水。

3.常见的海水淡化方法

（1）冷冻法，是把冷冻海水冻结成冰，在液态海水变成固态冰的时候把盐分离出去。

（2）反渗透，又叫作超滤法，通过使用半透膜将海水和淡水分开，半透膜只允许溶剂通过。

（3）低温蒸馏，低温多效海水淡化技术是对盐水最高蒸发温度低于70℃的蒸馏脱盐技术。

（4）闪蒸法，多级闪蒸是将加热后的海水在逐渐降低的闪蒸室中蒸发，冷凝蒸汽获得淡水。

4.海水淡化的发展历程

（1）古代

海水淡化的源头可以追溯到古代，那个时候就有人尝试从海水中去除盐分。

（2）16世纪初

人们真正对海水淡化进行研究，特别是在二战以后，工业发展迅速，对水的需求量大增。

（3）1970年

我国第一个海水淡化研究所在杭州成立。

（4）1984年

国家海洋局杭州水处理技术研究开发中心成立。

【收获与总结】

水污染主要是由不同的污染物导致的，如珠江三角到处都是水，可大多并不能饮用。在上海一平方公里的河道，长度都是8~10公里，如此高的水分密度，却因为工业、农业和生活弃物排倒于水中，水资源的污染导致可利用水资源更加稀缺。

因此，与水的净化相关的科学知识以及具体操作，我们需要掌握。除此之外，保护水资源显得尤为重要。同学们要提高节水意识，同时了解水的净化方面的知识并在生活中学以致用。

【拓展与创新】

我国现在水污染形势较为严峻，根据污染的成因主要可以分为自然污染和人为污染。显然，对水的危害更大的是人为污染，而且人为污染对水的危害比自然污染要大得多。面对水资源紧缺，我们一方面要加强环保意识，杜绝浪费，更要发扬劳动精神，利用科学发掘更多的净化手段。

【评价】

"净化水"课程评价表

班级：_____　小组：_____　姓名：_____　评价日期：_____

评价项目	评价内容	自评	师评	他评	家评
学习态度	对参与研究活动有强烈的热情，有认真的贡献，有积极获取相关知识和技能的能力				
组织合作	能够积极合作，与团队其他成员合作，积极交谈，提供独特的信息，协调和沟通				
工作方式	能够提前制订计划，有序有效地组织活动，遵守团队规则，能够一步一步地完成活动				

续表

评价项目		评价内容	自评	师评	他评	家评
操作能力	搜集处理信息能力	能够通过互联网、图书馆等多种方式收集数据，并有效组织收集到的信息，能够从不同角度理解这项技能				
	社会调查能力	了解如何在调查过程中与他人打交道，调查表格的设计是否合理，有调查记录和调查报告				
	反思能力	在活动中，你可以以开放的心态倾听他人的评价，继续反思自己，发现问题并且可以及时解决				
	发布成果能力	能够通过并发布丰富的活动成果，比如有针对性、详细性和恰当性的文件等				
实践成效		在规定的期限内完成任务，活动记录及时、真实、完整				
		所输出的内容，可以很好地显示活动的过程和收获，而且显示的活动品质高，有创新				

评价说明：根据各个评价维度，四个不同主体（学生、老师、同学、家长）分别对学生进行评价，分为"优秀""良好""尚可""努力"四个层次。

【其他感想】

_____

_____

_____

_____

_____